문학과지성 시인선 275

아, 입이 없는 것들

이성복 시집

문학과지성사에서 펴낸 이성복의 시집

뒹구는 돌은 언제 잠 깨는가(1980)
남해 금산(1986, 개정판 1994)
그 여름의 끝(1990, 개정판 1994)
호랑가시나무의 기억(1993)
정든 유곽에서(1996, 시선집)
달의 이마에는 물결무늬 자국(2012, 시인선 R)
래여애반다라(2013)

문학과지성 시인선 275
아, 입이 없는 것들

초판 1쇄 발행 2003년 6월 27일
초판 14쇄 발행 2025년 2월 21일

지 은 이 이성복
펴 낸 이 이광호
펴 낸 곳 ㈜문학과지성사
등록번호 제1993-000098호
주   소 04034 서울 마포구 잔다리로7길 18(서교동 377-20)
전   화 02)338-7224
팩   스 02)323-4180(편집) 02)338-7221(영업)
전자우편 moonji@moonji.com
홈페이지 www.moonji.com

ⓒ 이성복, 2003. Printed in Seoul, Korea

ISBN 89-320-1426-4 02810

이 책의 판권은 지은이와 ㈜문학과지성사에 있습니다.
양측의 서면 동의 없는 무단 전재 및 복제를 금합니다.

문학과지성 시인선 275

아, 입이 없는 것들

이성복

2003

시인의 말

 지난 세월 씌어진 것들을 하나의 플롯으로 엮어 읽으면서, 해묵은 강박관념들을 만날 수 있었다. 이 길은 돌아나올 수 없는 길, 시는 스스로 만든 뱀이니 어서 시의 독이 온몸에 퍼졌으면 좋겠다. 참으로 곤혹스러운 것은 곤혹의 지지부진이다.

2003년 6월
이성복

아, 입이 없는 것들

차례

📝 시인의 말

제1부 물집
1 여기가 어디냐고 / 11
2 저 안이 저렇게 어두워 / 12
3 육체가 없었으면, 없었을 / 13
4 나뭇가지 사이로 신음하던 / 14
5 그 어둡고 추운, 푸른 / 15
6 이 괴로움 벗어 누구에게 / 16
7 아, 너도 떨고 있구나 / 17
8 미친 바람 내려온다 / 18
9 네 살엔 흔적이 없다 / 19
10 떡갈나무 잎새 하나 물고 / 20
11 네 흘린 흰 피는 / 21
12 언제부턴가 너는 / 22
13 그날 네가 맨가슴으로 / 23
14 불길이 스쳐 지나간 / 24
15 끊어지리라, 부서지리라 / 25
16 내가 너를 떠밀었으므로 / 26
17 작은 꽃들아, 이상한 빛들아 / 27
18 어쩌면 솟구쳐 오르다 / 28
19 비단 선녀 옷을 입었구나 / 29
20 어찌하여 넌 내게 미쳤니? / 30

21 아, 돌에게 내 애를 / 31
22 꽃은 어제의 하늘 속에 / 32
23 오늘 아침 새소리 / 33
24 좀처럼 달이 뜨지 않는 / 34
25 남국의 붉은 죽도화 / 35
26 어떻게 꽃은 잎과 섞여 / 36
27 네가 왜 여기에, 어떻게 / 37
28 내 몸 전체가 독이라면 / 38
29 지금 살아 있다는 것은 / 39
30 몸 버리려 몸부림하는 / 40
31 밤인가, 캄캄한 몸인가 / 41
32 얼마나 다른 밤인가 / 42
33 음이월의 밤들 / 43
34 봄밤에 별은 / 44
35 밤의 검은 초록 잎새들 / 45
36 나는 이 푸르름이 싫어 / 46
37 누구의 집이라 할까 / 47
38 물살 뒤집어질 때마다 / 48
39 아무 말도 않으리라 / 49
40 푸른 색실 띠 묶어 / 50
41 삼월의 바람은 / 51
42 물기 빠진 다음엔 / 52
43 타인의 몸으로 피어난 것 / 53
44 몸부림 어디로 갔느냐고 / 54
45 어디에도 없는 궁둥이 찾아 / 55
46 어떤 죽음이 입맞추었기에 / 56
47 먹다 남은 고등어 자반처럼 / 57
48 표지처럼, 무한 경고처럼 / 58

제2부 느낌도, 흐느낌도 없이
49 무언가 아름다운 것 / 61
50 더 먼 곳에서 다쳐 / 62
51 아, 입이 없는 것들 / 63
52 벌레 먹힌 꽃나무에게 / 64
53 잔치 여느라 정신이 없는 / 65
54 너는 잘 잔다 / 66
55 자꾸 미안하기만 해서 / 67
56 푸른 치마 벗어 깔고 / 68
57 날마다 상여도 없이 / 69
58 귓속의 환청같이 / 70
59 그렇게 속삭이다가 / 71
60 하지만 뭐란 말인가 / 72
61 새 이야기 / 73
62 백랍 같은 영혼이 있다는 듯 / 74
63 밤에는 학이 날았다 / 75
64 밀려오면서 고운 모래를 / 76
65 눈이 내린다 / 77
66 아니라면 할 수 없고 / 78
67 무엇 하러 마다 않느냐고 / 79
68 측백나무 잎새 위에 오는 눈 / 80
69 시집간 우리 누이들처럼 / 81
70 슬퍼할 수 없는 것 / 82
71 차라리 댓잎이라면 / 83
72 목이 안 보이는, 목이 없는 / 84
73 서해 바다 어둡다 / 85
74 바다가 우는데 우리는 / 86
75 어째서 무엇이 이렇게 / 87

76 이러면 어쩌나, 낸들 어쩌나 / 88
77 오래전 신랑인 바람이 / 89
78 지금 우리가 떠나도 / 90
79 술 지게미 거르는 삼각 받침대처럼 / 91
80 죽어가며 입가에 묻은 피를 / 92
81 경련하는 짐승의 목덜미를 / 93
82 그 흉터 그대로 생일 옷 꺼내 입고 / 94

제3부 진흙 천국

83 손톱으로 북 긁으면 / 99
84 그것들 한번 보려고 / 100
85 언제나 미치게 아름다운 / 101
86 봄눈 오래 녹지 않는 / 102
87 찬물 속에 떠 있는 도토리묵처럼 / 103
88 파리도 꽤 이쁜 곤충이다 / 104
89 이제는 힘이 빠진 날벌레를 / 105
90 허벅지 맨살을 스치는 / 106
91 수유에게 1 / 107
92 수유에게 2 / 108
93 또 그때처럼 구두 바닥으로 / 109
94 왜 이렇게 가슴 뛰느냐고 / 110
95 추석 / 111
96 그 여자 돌아오지 않고 / 112
97 못에 낀 살얼음은 / 113
98 빨간 열매들 / 114
99 돌의 초상 / 115
100 벽지가 벗겨진 벽은 / 116

101 마지막 갈 길까지 / 117
102 싸움에 진 것들은 / 118
103 진밭골의 개들 / 119
104 포도 씨 같은 것을 뱉듯 / 120
105 그가 할 수 있는 일이란 / 121
106 그리 단단하지 못한 송곳으로 / 122
107 떡가루 같은 눈 쓸어올리며 / 123
108 이동식 방사선 치료기처럼 / 124
109 쏟아놓은 이쑤시개처럼 / 125
110 여리고 성 근처 / 126
111 어떤 풍경은 / 127
112 석쇠 엎어놓은 듯 / 128
113 매화산 어깨 빠지도록 / 129
114 동곡엔 가지 마라 / 130
115 지진아와 자폐아의 싸움처럼 / 132
116 국밥집 담벽 아래 / 134
117 그날 우리는 우록에서 놀았다 / 135
118 멍텅구리 배 안에선 / 136
119 제가 무슨 아리따운 소녀라고 / 137
120 찔레꽃을 따먹다 엉겁결에 당한 / 138
121 좋긴 한데, 쪼끔 부끄럽다고 / 139
122 부풀고 꺼지고 되풀이하면서 / 140
123 내 생에 복수하는 유일한 방법처럼 / 142
124 문득 그런 모습이 있다 / 144
125 밤 오는 숲 속으로 / 149

▨ 해설 · 오, '마라'가 없었으면 없었을…… · 강정 / 150

제1부 물집

1
여기가 어디냐고

붉은 해가 산꼭대기에 찔려
피 흘려 하늘 적시고,
톱날 같은 암석 능선에
뱃바닥을 그으며 꿰맬 생각도 않고
── 여기가 어디냐고?
── 맨날 와서 피 흘려도 좋으냐고?

2
저 안이 저렇게 어두워

옥산서원 앞 냇물에 던져진 햇빛 한 덩어리
살얼음 끼어 흐르는 물에 진저리치는 핏덩이
저 안이 저렇게 어두워 바라보는 저희의
육체가 진저리치는 오후, 기슭엔 천렵 나온
사내들 개 잡아 고기 구우며 농지거리하는,
농지거리하며 지나가는 아낙들 불러 세우는
겨울 오후, 밥알처럼 풀어지는 저희의 추운
하루 오, 육체가 없었으면 춥지 않았을 것을

3
육체가 없었으면, 없었을

매독 앓던 훈련병 맨머리처럼
희끗희끗 눈발 스쳐간 산들,
늙은 소나무 가지에서 눈 뭉텅이
떨어져 흰 떡가루 사철나무 붉은
열매를 덮고, 쌓인 눈 위에 밀린
오줌 누고 나면 순무처럼 굵게
패이는 구멍, 생각나는가 목에 뚫린
구멍으로 더운 피 쏟던 잔칫날 돼지
오, 육체가 없었으면 없었을 구멍

4
나뭇가지 사이로 신음하던

검은 바위들 끼고 흐르는 물 위로
겹친 나무 그림자 어둡고 거기,
나뭇가지 사이로 신음하던 해가
끙 하며 선지 덩어리 쏟아 붓는다
거기, 차갑고 맑은 물에 눈 어두운
쏘가리가 살아, 천렵 나온 사내들
통발을 들이민다 거기, 눈 어두워
비늘과 지느러미로 물길 헤아리는
쏘가리, 쏘가리만 아는 물속 지도
살 찢는 바람에도 웃통 훌훌 벗고
풍덩 찬물 속에 뛰어들어야 보이는
지도, 통발 아랑곳 않고 물살을
가르는 물고기 근육에 힘이 붙는다

5
그 어둡고 추운, 푸른

겨울날 키 작은 나무 아래
종종걸음 치던
그 어둡고 추운 푸른빛,

지나가던 눈길에
끌려나와 아주
내 마음 속에 들어와 살게 된 빛

어떤 빛은 하도 키가 작아,
쪼글씨고 앉아
고개 치켜들어야 보이기도 한다

6
이 괴로움 벗어 누구에게

산을 올라가다가 이 괴로움 벗어
누구에게 줄까 하다가,
포크레인으로 파헤친 산중턱
뒤집혀 말라가는 나무들을 보았다
薄明의 해가 성긴 구름 뒤에서
떨고 있는 겨울날이었다
잘린 바위 틈서리에서 부리 긴 새들이
지렁이를 찢고 있었다
내 괴로움에는 상처가 없고, 찢겨
너덜너덜한 지렁이 몸에는
괴로움이 없었다

7
아, 너도 떨고 있구나

아, 너도 떨고 있구나 기울어진
담벼락 아래 잠든 강아지 뒷다리,
몇 며칠을 땅바닥에 쓰러진 너의
목덜미를 구둣발로 짓이기던 사내,
나였구나 그래 내 마음 흐뭇했던가,
그리 속시원했던가, 그래도 찬물에
밥 말아 먹고 장구 치며 떠오르던 해야,
너는 또 내 발길에 채인 지 몇 해째냐

8
미친 바람 내려온다

내 마음 속 고운 悲哀 한 필
뚝 끊어서 너를 감싸는 겨울
미친 바람, 사방을 뒤집으며
미친 바람, 앞발 번쩍 들었다가
또 내려온다 손가락 오므리면,
또 한번 주먹 속에 들어오는 無

9
네 살엔 흔적이 없다

누워 있는 네 눈을 들여다보면서
가만히 네 살에 손톱자국을 남긴다
거기 읽을 수 없는 글자를 써보거나,
하늘에 없는 별자리를 그려보거나
네 살엔 흔적이 없다 너는 벌써 받아
숨긴 것이다 가만히 손톱으로 네 살을
누르면서 몇 번의 겨울이 지나고 또
몇 점 눈꽃 송이 네 눈으로 내려앉고

10
떡갈나무 잎새 하나 물고

밤아, 내 흰 피를 받은 밤아
떡갈나무 잎새 하나 물고
요동치면서 기어코 너는 내
피를 받았구나 밤아, 유리창에
그어진 칼자국처럼 투명한 네
얼음 살에 다시는 부서지지 않을
흔적, 밤아, 너는 順命하였구나

11
네 흘린 흰 피는

불빛,
하늘의 빨간 단추

(몸아, 너는 추워하는구나
氷河 속에 웃고 있는 흰 수선화)

불빛,
한 번 점프한 그곳에서
수천 금실을 내려보내는

(몸아, 어떤 거미가
네 신경과 실핏줄을 엮어 짰니?)

불빛,
깜박일 때마다
너를 자르는 칼이
마흔세 살의 십이월을 자른다

(몸아, 네 흘린 흰 피는
이른 아침 창문에 성에꽃이 되는구나)

12
언제부턴가 너는

언제부턴가 너는
내가 꿈꾸던 푸른 잎새였다
죽음을 느낀 한 점 푸른 잎새가
내 실핏줄 끝에 매달렸다
더는 너의 身熱을 견딜 수 없을 때
내 뼈는 휘어지기 시작했다
그제서야 깎지 않은 내 손톱,
머리카락 끝에서도 맑은 피
흐르는 소리 들렸다

13
그날 네가 맨가슴으로

그날 네가 맨가슴으로
내려앉은 건 한쪽 다리가
퍼지지 않아서였던가
아직 잎새 돋지 않은 살의
한쪽 모롱이가 열리면서
나는 네 全身을 받았다
살붙이여, 잦은 흔들림 외에
다른 살이 없을 때 소금쟁이
떠 있는 水面의 안간힘으로
너를 견뎠다, 피붙이여

14
불길이 스쳐 지나간

누구라도 앉을 수 있는 자리,
그곳에 처음 네가 들어섰을 때
부서진 더듬이 한쪽을 보았다
언제라도 머물 수 있는 자리,
그곳에 네가 앉았을 때, 다시는
일어설 수 없을 줄 너는 몰랐다
물집이었어, 그날 불길이 스쳐
지나간 내 등허리에 부푼 너는
끝내 터지지 않는 물집이었어

15
끊어지리라, 부서지리라

네가 날 보고 싶어했니?
나는 너를 피했다
네가 날 찾아올 때마다
손바닥으로 내 얼굴을 가렸다
끊어지리라, 왜 몰랐던가
부서지리라, 네 잘못이 아니었다
갈라터지리라, 때 묻은 붕대를 풀고
내 惡을 보여줄까, 뛰어내려!
벼랑에서 힘껏 너를 떠다밀었다
아무도 보지 못했다

16
내가 너를 떠밀었으므로

내가 너를 떠밀었으므로
너는 하늘 끝에 매달렸다
너에게 묻은 내 더러운
피는 하늘길을 더럽혔다
그리고 이제 저를 기억
못 하는 자줏빛 꽃 하나
내 눈 속에 피었다 잘라도
다시 돋는 억센 뿌리는
네 유골 단지를 부순다

17
작은 꽃들아, 이상한 빛들아

작은 꽃들아
얼굴을 돌리지 마라
나는 사람을 죽였다
작은 꽃들아, 아무에게도
이 말을 전하지 마라
나는 너희처럼 땅에 붙어 살
자리가 없어 그 자리,
내 스스로 빼앗은 자리
아무에게도 상처 주지 않는
작은 꽃들아, 내 말은
그의 피 속으로 들어갔구나
작은 꽃들아, 푸른 구멍으로
솟아난 이상한 빛들아

18
어쩌면 솟구쳐 오르다

한 번 물 위를 스치다
내 눈에 붙들린 새의
이름을 알지 못한다
기억 없는 밤마다 내
눈과 눈썹 사이 스쳐
날으는 새의 일생을
알지 못한다, 그러나
이따금 거울 속 벗은
내 몸에서 새의 날개
죽지를 보기도 한다
어쩌면 솟구쳐 오르다
멎어버린 파도였던가

19
비단 선녀 옷을 입었구나

아침 새들이 운다
수천 개 한데 묶은 종들이
한꺼번에 운다

산새들 울음 저편으로
절벽이 보인다
눈금 새겨진 절벽 뒤편으로
누군가 뛰어내리려다 머뭇거린다

오래전에 상처받은 사람,
오늘은 비단 선녀 옷을 입었구나

20
어찌하여 넌 내게 미쳤니?

어찌하여 넌 내게 미쳤니?
어떤 불길한 기운이 네 뇌수에
사랑의 독을 풀었니?

때로 나는 한 마리
체체파리라는 생각이 든다

어찌하여 넌 내게 미쳤니?
어떤 불길한 기운이 네 뇌수에
사랑의 독을 풀었니?

21
아, 돌에게 내 애를

아, 돌에게 내 애를 배게 했으니
그 돌 해산의 고통 못 이겨
불 속으로 뛰어들어,
날개 푸른 새처럼 버둥거린다
그 새, 내 눈에서 영원히 발버둥치리
다시는 울지도 못하는 새

22
꽃은 어제의 하늘 속에

사랑은 사랑하는
사람 속에 있지 않다
사람이 사랑 속에서
사랑하는 것이다

목 좁은 꽃병에
간신히 끼여 들어온 꽃대궁이
바닥의 퀘퀘한 냄새 속에 시들어가고
꽃은 어제의 하늘 속에 있다

23
오늘 아침 새소리

병이란 그리워할 줄
모르는 것
사람들은 그리워서
병이 나는 줄 알지 그러나
병은 참말로 어떻게
그리워할지를 모르는 것

오늘 아침 새소리
미닫이 문틈에 끼인 실밥 같고,
그대를 생각하는 내 이마는
여자들 풀섶에서 오줌 누고 떠난 자리 같다

24
좀처럼 달이 뜨지 않는

당신도 없이 나를 견디고
좀먹은 옷처럼
당신 떠난 자리를 봅니다

북이 아니라
나무통에 맞은 북채의 소리 같은
그런 이별이 있었지요

해는 졌는데
좀처럼 달이 뜨지 않는 그런 밝기의
이별을 당신은 바랐던가요

울지 않는 새의
부리가 녹슨 화살촉이었다는 것을
당신은 왜 일찍 일러주지 않았던가요

당신도 없이 나를 견딥니다
묵은 베개의 메밀 속처럼
나날이 늙어도 꼭 그만큼입니다

25
남국의 붉은 죽도화

남국의 붉은 죽도화,
뒤집어진 넥타이 안감처럼
네 머리카락 사이 언뜻언뜻
비치는 네 붉은 댕기
오지 말았어야 할,
왜, 어떻게, 보지 말았어야 할
산굼부리 파헤쳐진 네 젖가슴
검은 돌, 검은 돌로 쌓은 네 어깨
검은 팔, 내 허리를 감는 네 검은 팔
벼락 맞아 손가락 떨어져 나간 네 검은 손
내 눈을 감기는 네 검은 머리채
왜, 어떻게, 너는 이곳에 와서 꽃피었니?
초록 잎새 속에 뿌려진 핏방울,
내 살 속의 살, 살보다 연한 뼈

26
어떻게 꽃은 잎과 섞여

어떻게 꽃은 잎과 섞여
잎을 핏물 들게 하는가
마라, 생각해보라
비린내 나는 네 살과
단내 나는 네 숨결 속에서
내숭 떠는 초록의 눈길을
어떻게 받아내야 할지
초록 잎새들이
배반하는 황톳길에서
생각해보라, 마라, 어떻게
네 붉은 댕기가 처음 나타났는지
그냥 침 한번 삼키듯이,
헛기침 한번 하듯이 네겐
쉬운 일이었던가 마라,
내게 어렵지 않은 시절은 없었다
배반 아닌 사랑은 없었다
솟구치는 것은 토하는 것이었다
마라, 나를 사랑하지 마라

27
네가 왜 여기에, 어떻게

마라, 네가 왜 여기에, 어떻게
가로등 불빛에 떠는 희부연 길 위에,
기우는 수평선, 기우뚱거리는 하늘 위에
마라, 네가 어떻게, 왜 여기에,
대낮처럼 환한 갈치잡이 배 불빛, 불빛에
아, 내게 남은 사랑이 있다면
한밤에 네게로 몰려드는 갈치떼,
갈치떼 은빛 지느러미,
마라, 네가 왜, 어떻게 여기에

28
내 몸 전체가 독이라면

마라, 네 눈 속에 내가 뛴다
내 다리를 묶어다오
내 부리가 네 눈 마구 파먹어도
난 그러고 싶지 않아, 마라
안간힘으로 벌려다오
갑각류의 연한 내장을 찢는
맹금류의 내 부리를
내 몸 전체가 독이라면,
내 몸 전체가 전갈류의 독주머니라면
넌 믿겠니, 나를 믿지 마라

29
지금 살아 있다는 것은

지금 검은 산 언덕을 오르는 사람들은
흘러내린다 옷만 있고 몸뚱이가 없다
마라, 나는 너의 허리를 감는다
살아 있느냐고, 살아 있었느냐고
지금 살아 있다는 것은 눈먼 바람에
몸을 내맡기는 것이다 지상에서 가장
낮은 하늘 네 눈동자 속으로
빨려드는 것이다 마라, 지금 살아
있다는 것은 검은 돌로 쌓은 장방형의
무덤에서 마지막 영생의 꿈에 붙들리는
것이다 눈먼 바람이 우리를 찢을 때까지
찢기는 그림자를 향해 절하는 것이다

30
몸 버리려 몸부림하는

바닷가 언덕 위 이름 모를 꽃들,
제 뺨을 잎새에 부비며 어두워진다
발 밑에 제 이름을 묻고, 그림자를
묻고, 몸 버리려 몸부림하는 꽃들,
눈먼 파도에 시달리다 물거품이 되는
꽃들, 마라, 눈을 떠라, 지금 네가 내
얼굴을 보지 않으면 난 시들고 말 거야
아, 이 저녁엔 간지럼처럼 찾아오는
죽음, 베일 아닌 죽음이 따로 있을까
아, 눈시울에 떠는 한 아름의 꽃들,
폭풍 지나가면 곧 소금 뒤집어쓰고
허연 뿌리 드러낼 저것들이 오늘
저녁 네게 던지는 빛은 얼마나 강한가

31
밤인가, 캄캄한 몸인가

어떻게 해서 밤은 오는가
어떻게 해서 밤은 또 물러가는가
깊은 상처에서 더 깊은 상처로
수물거리며 와서 사라지는 것은
밤인가, 캄캄한 몸인가, 마라
네 몸 여러 군데 뚫린 상처는
현무암 절벽의 해식 동굴, 실성한
꽃들과 불안한 날벌레들 술래잡기하는
네 눈은 터지기 직전의 양수막 같은
희멀건 경이, 마라, 지난밤 너는 어디서
잠들었던가 불빛에 시달리는 갈치잡이
배들은 네 거친 잠자리였던가 오, 파도치는
운명, 늙은 달의 장력에 끄달리며 오늘
밤 너는 얼마나 더 뒹굴어야 하는가

32
얼마나 다른 밤인가

하루하루 색깔이 다른 밤들
똑같이 불안하다 해도
얼마나 다른 밤인가
허연 뱀 껍질
풀섶에서 언뜻 비치던 밤,
성긴 미루나무 가지 사이로
열에 들뜬 달이 굴러다니던 밤,
또는, 진눈깨비 오던 날
겨울 입시를 앞둔 불면의 밤,
요강처럼 부풀어 올라
수박 껍데기처럼 갈라터지던
임신한 여인의 배,
삼월 큰아이 출산 며칠 전의
밤을 어찌 잊을까

33
음이월의 밤들

음이월의 밤들은 저마다
꽃핀 동백 가지 입에 물었다
종일 흐리다 환한 밤에는
진눈깨비 다녀가고 눈이 퉁퉁
붓도록 운 다음날 아침엔
사랑이 지나갔다, 발자국도 없이

34
봄밤에 별은

봄밤에 별은 네 겨드랑이 사이로 돋아난다
봄밤에 어둠은 더 멀지도 가깝지도 않고
바람 불면 개나리 노란 가시 담장 불똥을
날린다 이 순간의 괴로움을 뭐라고 하나
봄밤에 철없이 인생은 새고 인생은 찻길로
뛰어들고, 치근덕거리며 별이 허리에 달라
붙어도 넌 이름이 없다, 넌 참 마음이 없다

35
밤의 검은 초록 잎새들

밤의 검은 초록 잎새들
거친 머리채로 노란 등불의
이마를 칠 때 등 쪽으로
매달리는 마른풀들,
긁어버리고 싶다
뽀얀 꽃가루 날려
눈 못 뜨는 이 밤에 몇 번이고
웅얼거리다 뱉고 싶다
노란 감기약 시럽 같은 불빛
밤의 검은 초록 잎새들
노란 등불의 이마를 칠 때,
미닫이 창호마다
바랜 국화 잎 같은 기억
지울 수 없어라,
오래 살았다는 이 느낌

36
나는 이 푸르름이 싫어

봄, 햇빛 오는 쪽으로
모가지 기울이면
눈가에 맺히는 푸르름
나는 파스텔 색으로 오는
이 푸르름이 싫어
고개 흔들어 떨어내네
자꾸자꾸 떨어내다 보면
내 몸 걸친 것 하나 없어
추운 모래밭 인어 같았네

37
누구의 집이라 할까

햇빛 속 떠도는 바람은
무슨 얘기를 듣고 찾아온 걸까
자갈투성이 길을 걸어
내 괴로움 안으로

이것을 누구의 집이라 할까
햇빛 속 떠도는 바람의 집이라 할까
내 괴로움에는 내가 없고

보아라, 슬픔이 한 손으로
속곳을 잡고 조심조심 걷는 것을

38
물살 뒤집어질 때마다

종일 강가에서 놀았지요
시나나빠 노란 꽃들이
여기 와 피리라고는 생각 못 했어요

종일 강가에 나와 돌을 던졌어요
물살 뒤집어질 때마다
떠나는 것들의 몸살을 생각했어요

그리고 당신을 생각했지요
바람이 노랑나비를 데리고
종일 노는 것도 보았고요

아, 이 봄이 가면
저것들은 내
마음속으로나 이사 오겠지요

39
아무 말도 않으리라

흰 풀죽 쑤어
천지에 처바르면
이 괴로움 다할까
내가 내 생을
사랑할 수 없으니
척추 없는 슬픔일랑
예서 놀지 마라
초록 물결 찰랑이는
사량 근해,
햇빛은 머리맡에
손바닥 포개고
아주 잠들었는데
난 아무 말도 않으리라
사탕 입에 문 아이처럼
옹알이만 하리라
일렁이는 쪽배처럼
칭얼대기만 하리라

40
푸른 색실 띠 묶어

삼월의 바람에 푸른 색실 띠 묶어 보내요
어린 물새 발가락에 꼬리표 달아주듯이
철사에 묶인 어린 나무도 그만큼 아프진
않을 거예요 삼월의 바람에 푸른 색실 띠
묶어 보내요 몇 개의 산 넘고 물을 건너야
당신이 보일까요 삼월의 바람에 푸른 색실
띠 묶고 종일 난 어지러웠어요 동네 입구에
함 들어오는 날 문틈으로 가슴 조이는 어린
신부처럼, 이젠 풀어주세요 언젠가 당신이
나를 묶은 빛 바랜 끄나풀, 그만 풀어주세요

41
삼월의 바람은

삼월의 바람은 순하지 않다
연립 주택 옥상에 올라
기저귀를 내거는 뚱뚱한
새댁의 느린 걸음걸이

삼월의 바람은 출정하는 배들의
돛폭처럼, 흰 기저귀 하늘로
밀어올리고 뒤뚱거리는 새댁의 모습
귀지처럼 가볍게 눈앞에 뜬다

다만 삭은 빨래집게의 풀어진
힘으로 우리를 이곳에 묶어두는
삶, 여러 번 살아도 다시 그리운,

42
물기 빠진 다음엔

늘봄장 여관 앞 미루나무 짙은 잎새 속에
새집은 거의 보이지 않는다 새끼들 어미를
따라 검은 공기 속을 가로질러 갔으리라
팬티 치마의 아가씨 하나 고개 젖히고
종종걸음으로 여관 문을 빠져나오고
담배를 씹어 문 중년 사내 멀찍이 따라간다
근처 초록 다방에서 그들은 다시 만나리라
단물이 빠져나간 껌처럼 길은 고속버스
터미널까지 뻗어 있고 누군가 잔뜩 먹고
올려낸 토사물 무더기 말라붙고 있다
물기 빠진 다음엔 토한 것도 추하지 않다

43
타인의 몸으로 피어난 것

묵혀둔 공장 부지에 무덤 몇 기 남아 있더니
그 무덤 파헤쳐지고 물 고인 웅덩이가 생겼다
어제 바람은 무더운 솜이불처럼 종일 불더니
오늘 아침 비 내려 키 큰 망초 대궁 우두커니
땅만 내려다본다 타인의 몸으로 피어난 것,
그 환생에도 다시 즐거울 것은 없다

44
몸부림 어디로 갔느냐고

오십사단에서 칠호광장까지
차도 중간의 키 작은
관목들 무릎 꿇고 빌어도
바람은 용서할 것이 없다
견디지 못한 나무들 '고'와
'통' 사이, 제 몸을 한껏 벌려
찢으며 굿거리 장단을 해도
깐깐한 잎새는 그리 많이
떨어지지 않을 것이다
아침이면 고단한 바람은
흙먼지 잎새 위에 까박까박 졸고
무심코 나는 또 물어보리라,
어젯밤 몸부림하던 나무들
어디 있느냐고, 나무들 기억
못 하는 몸부림 어디로 갔느냐고?

45
어디에도 없는 궁둥이 찾아

백 년 후, 혹은
이백 년 후 기필코 눈뜨리라
참외 속 같은 단내 풍기며
물컹한 너의 입맞춤 게워내리라
또 너를 생각하고 발정난 젖소처럼
어디에도 없는 궁둥이 찾아
겅중겅중 올라타는 시늉도 해보리라
또 한번 유감없이 凡性愛的 충동에
속아주리라, 이 몸 일찍이
몸부림 바깥을 벗어난 적 없으니

46
어떤 죽음이 입맞추었기에

떨리는 몸으로 초록 잎새들이
엮은 구름다리 너머
영성체 마치고 달려나오는
흰 옷 입은 소녀들

어떤 죽음이
밤새 입맞추었기에,
얇은 속옷 허벅지에 걸치고
민들레 씨방마다 숨어 있던
신부들 하늘길 오른다

47
먹다 남은 고등어 자반처럼

기차 지날 때마다 자지러지던
아카시아 본 척도 않고
철길 따라 피는 호박꽃은
신호등도 아니다 울컥 달려가고
싶지만 몸이 없고, 곧게 뻗었다고
생각되는 곳에서 어이없이
휘어지는 길, 들쥐 오줌에서
나왔다는 쓰쓰가무시 같은 병 있어
너는 또 철길 위에 선다 창턱에
올려놓은, 먹다 남은 고등어 자반처럼

48
표지처럼, 무한 경고처럼

'수그리다'는 말이 '구부리다'는
말의 추억을 가지듯이,
고개 숙인 양달개비 푸른 꽃은
어느 깨진 하늘의 사금파리일까

지금 이곳이 살아야 할 곳이
아니라는 표지처럼,
무한 경고처럼
양달개비꽃은 푸르고,

이질 설사의 배설물 같은
흰 개망초꽃 사이,
퍼질러 앉은 오십대 여인들의
엉덩이가 유난히 커 보인다

이 세상에 당신은
계 모임 하러 왔던가

제2부 느낌도, 흐느낌도 없이

49
무언가 아름다운 것

아침마다 꽃들은 피어났어요

밤새 옆구리가 결리거나
겨드랑이가 쑤시거나

밤새 아픈 것들은
뜬눈으로 잠 한숨 못 자고

아침엔 손을 뻗쳐
무심코 만져지는 것이

무언가 아름다운 것인 줄 몰랐어요

50
더 먼 곳에서 다쳐

저녁이면 꽃들이 누워 있었어요
이마에 붉은 칠을 하고요

넘어져 다쳤는지 몰라요
어쩌면 더 먼 곳에서 다쳐
이곳까지 와서 쓰러졌는지도

엎드리면 꽃들의 울음소리 들렸어요
난 꽃들이 등물 하는 줄 알았지요

51
아, 입이 없는 것들

저 꽃들은 회음부로 앉아서
스치는 잿빛 새의 그림자에도
어두워진다

살아가는 징역의 슬픔으로
가득한 것들

나는 꽃나무 앞으로 조용히 걸어나간다
소금밭을 종종걸음 치는 갈매기 발이
이렇게 따가울 것이다

아, 입이 없는 것들

52
벌레 먹힌 꽃나무에게

나도 너에게 해줄 말이 있었다
발가락이 튀어나온 양말 한구석처럼
느낌도, 흐느낌도 없는 말이 있었다

아, 너도 나에게 해줄 말이 있었을 거다
양말 한구석에 튀어나온 발가락처럼
느낌도, 흐느낌도 없는 말이 있었을 거다

53
잔치 여느라 정신이 없는

피어 있는 꽃들을 바라보다가
저 꽃들에게도 잔치를 열어주어야겠다는
생각을 했다

밤늦도록 찌짐 붙이고
단술을 빚는 여인들에게
잔치는 고역이었으니,

잔치 끝나면 한 보름
호되게 앓아 눕는 여인네처럼

한창 잔치를 여느라 정신이 없는
저 꽃들에게도,
잔치를 열어주어야겠다는 생각을 나는 했다

54
너는 잘 잔다

참으로 고운 것들은
고운 데 미친 것들이다

밤의 속눈썹에
이름 없는 꽃들이 매달려도

너는 잘 잔다
너는, 너는 잘도 잔다

55
자꾸 미안하기만 해서

세상에 교미하려고
몸단장하는 것들
부끄러움도 많아서,
따지고 보면
잘 다녀오라고
손 흔들어 보낸 건데,
신혼여행 갓 돌아온
어린 딸처럼
꽃은 나무 보기 쑥스러워서,
자꾸 미안하기만 해서

56
푸른 치마 벗어 깔고

이제 곧 창검처럼 솟은 가시들
사이로 사뿐사뿐 흰 꽃들
술래잡기하다가
지쳐 다리 뻗고 쉬려고 할 거야
잎새들 그 밑에다
푸른 치마 벗어 깔고
꽃들이 떨어질까 애태울 거야
하지만 쉽게 당하지만
않을 거야, 너무 가벼워
가시에 찔리지 않을 흰 꽃들

57
날마다 상여도 없이

저놈의 꽃들 또 피었네
먼저 핀 꽃들 지기 시작하네
나는 피는 꽃 안 보려고
해 뜨기 전에 집 나가고,
해 지기 전엔 안 돌아오는데,
나는 죽는 꼴 보기 싫어
개도 금붕어도 안 키우는데,
나는 활짝 핀 저 꽃들 싫어
저 꽃들 지는 꼴 정말 못 보겠네
날마다 부고도 없이 떠나는 꽃들,
날마다 상여도 없이 떠나가는 꽃들

58
귓속의 환청같이

꽃이 진다
신경증적 야심도 없이
꽃이 진다
서럽다고 하지 마라
넌 잘못 생각하는 것이다
꽃이 진다
귓속의 환청같이 꽃이 진다
쭈그러진 귓바퀴같이 꽃이 진다고
과장하지 마라
지는 꽃이 맥반석 위에 타들어가는
마른 오징어 같다고
착각하지 마라
넌 분명 잘못 생각하는 것이다

59
그렇게 속삭이다가

저 빗물 따라 흘러가봤으면,
빗방울에 젖은 작은 벚꽃 잎이
그렇게 속삭이다가, 시멘트 보도
블록에 엉겨 붙고 말았다 시멘트
보도블록에 연한 생채기가 났다
그렇게 작은 벚꽃 잎 때문에 시멘트
보도블록이 아플 줄 알게 되었다
저 빗물 따라 흘러가봤으면,
비 그치고 햇빛 날 때까지 작은
벚꽃 잎은 그렇게 중얼거렸다
고운 상처를 알게 된 보도블록에서
낮은 신음 소리 새어나올 때까지

60
하지만 뭐란 말인가

한 잎의 결손도 없이
봄은 꽃들을
다 불러들인다
해 지면 꽃들의
불안까지도

하지만 뭐란 말인가,
저렇게 떨어지고 밟혀
변색하는 꽃들을
등불처럼 매달았던
봄의 악취미는?

61
새 이야기

지금 새의 발끝에서 오리나무 가지가
알아듣는 이야기, 오라비의 손이 놓인
누이의 어깨처럼 오리나무 가지가 느끼는
이야기, 오리나무 혼자서 견디는 이야기

62
백랍 같은 영혼이 있다는 듯

현사시나무가 줄지어 선 곳에서
간밤 나무들의 꿈을 알 것 같다

백랍 같은 영혼이 있다는 듯
목이 긴 새들이 줄지어 날아갔다

날아가는 새들의 쭉 뻗친 다리가
침 맞은 것처럼 경련했다

오늘 밤 꿈속으로 새들이 돌아오면
나도 현사시나무의 흰 몸을 받으리라

63
밤에는 학이 날았다

많은 것들이 울고 가고,
더 많은 것들이 울고 가고
밤에는 학이 날았다

쭉 뻗은
젓가락 같은 다리가
또 한번 경련했다

날으는 학이
달을 꿰뚫을 수 없듯이
그대 슬픔은 따지 못할 과일이었다

64
밀려오면서 고운 모래를

물이 밀려온다
밀려오면서,
고운 모래를 뒤집어놓는다

물새들은 어째서
같은 방향만 바라볼까
죽은 물새들을 추억하는
자세가 저런 것일까

바람이 부는데
서럽지도 않은 것들이
일제히 한곳을 바라보고 있다

65
눈이 내린다

눈이 내린다
그리움은 몸이 없어
눈이 내린다

눈은 내리기만 한다

눈이 쌓인다
몸은 그리움을 몰라
눈이 쌓인다

눈은 쌓이기만 한다

66
아니라면 할 수 없고

어디 눈떠볼래? 눈떠봐,
눈은 오리나무 마른 잎새를 흔든다

나도 가고 싶어, 난 가면 안 돼?
솟구치는 까치 날개에 스쳐 눈이 떨어진다

미안해, 잘못했어, 아니라면 할 수 없고,
내 귓밥에 앉은 눈은 풀이 죽었다

67
무엇 하러 마다 않느냐고

어디 덮어줄 데가 없나,
들판에 매어놓은 헐은
소 잔등 위에 내리던 눈은
시멘트 기둥을 아이처럼
업은 포도나무에도 내렸다

해마다 그 미친 노역을
무엇 하러 마다 않느냐고,
해마다 왜 내리는지
저도 모르는 눈은 늙은
포도나무만 나무랐다

68
측백나무 잎새 위에 오는 눈

몸 위에 내려
몸을 숨겨주는 것

아이가 잠들기를 기다려
살며시 팔을 빼고
화장실에 다녀오는 엄마처럼

몸은 잠시 사라졌다
돌아오는 것

69
시집간 우리 누이들처럼

눈은 내리면서
제 빛깔과 소리를 얻는다
서로 다른 동네로
시집간 우리 누이들처럼

눈은 녹으면서
제 친정으로 간다
족두리도, 신발도 없이
길 없는 길을 돌아가는 것이다

70
슬퍼할 수 없는 것

지금 바라보는 먼 산에 눈이 쌓여 있다는 것
지금 바라보는 먼 산에 가지 못하리라는 것
굳이 못 갈 것도 없지만 끝내 못 가리라는 것
나 없이 눈은 녹고 나 없이 봄은 오리라는 것
슬퍼할 수 없는 것, 슬퍼할 수조차 없는 것

71
차라리 댓잎이라면

형은 바다에
눈 오는 거 본 적 있수?
그거 차마 못 봐요, 미쳐요

저리 넓은 바다에
빗방울 하나 앉을 데 없다니
차라리 댓잎이라면 떠돌기라도 하지

형, 백 년 뒤 미친 척하고
한번 와볼까요,
백 년 전 형은 또 어디 있었수?

백 년 전 바다에
백 년 뒤 비가 오고 있었다, 젖은
그의 눈에 내리다 마는 나는 빗줄기였다

72
목이 안 보이는, 목이 없는

바람의 판유리 깔아놓은 서해,
저 무대까리, 목이 안 보이는
아예 목이 없는 바다
아무것도 껴안을 수 없어
안기기만 바라는 바다
마냥 소리쳐도 말이 안 되는 바다
마냥 부대껴도 춤이 안 되는 바다

73
서해 바다 어둡다

서해 바다 어둡다
어떤 영혼도 밤처럼 어둡다
지아비의 손을
부푼 배로 가져가는 바다
밤아, 오늘 밤 만조는
어느 불행한 아이의 수태 고지인가
언젠가 바다는
내게 월경 주기를 알려주었지만
내 아이는 아니다
흐르는 내 흰 피는 뱀이 마셨다
서해 바다 어둡다
어떤 어두운 영혼도 내통한 것이다

74
바다가 우는데 우리는

바다가 우는데 우리는 바다의 목구멍을
볼 수가 없구나 薄明의 해가 도장 찍는
헐어빠진 바다의 몸에 흰 고름 같은 물결,
차갑게 식는 바다의 몸에 고이 다가오는
밤은 결 고운 안동포 壽衣를 입히는구나

75
어째서 무엇이 이렇게

어째서 무엇이 이렇게 내 안에서 캄캄한가
옅은 하늘빛 옥빛 바다의 몸을 내 눈길이 쓰다듬는데
어떻게 내 몸에서 작은 물결이 더 작은 물결을 깨우는가
어째서 아주 오래 살았는데 자꾸만 유치해지는가
펑퍼짐한 마당바위처럼 꿈쩍 않는 바다를 보며
나는 자꾸 욕하고 싶어진다
어째서 무엇이 이렇게 내 안에서 캄캄해만 가는가

76
이러면 어쩌나, 낸들 어쩌나

이러면 어쩌나, 낸들 어쩌나
찰랑이는 채석강 연안 바닷물이
쨍알쨍알 보채는 나를 달랜다
목까지, 눈까지 잠겨 작은 물결
물새떼 흉내를 내는지 물새떼
작은 물결 흉내를 내는지 이러면
어쩌나, 낸들 어쩌나 마냥 발길
떨어지지 않는 나를 달래며 바다는
속이 탄다 검은 오지항아리 속
자글자글 끓는 바다는 나를 달랜다
이러면 어쩌나, 낸들 어쩌나
오늘도 난 바다에게 짐만 되었다

77
오래전 신랑인 바람이

바다는 푸른 나일론 치마를
펼쳐놓은 듯 가볍게 떠 있었다
그 안에 어떤 무거운 몸이 쉬고
있었지만, 그 숨결 하도 가지런해
아무도 들어 있지 않은 홑이불 같았다
깊어가는 바다의 잠이 한순간
물새들을 불편하게 만들었던가
급히 날아오르는 새떼들 날갯짓에
깨어난 바다는 어지러움에 몸 가눌
수 없는 임산부처럼 약간의 신열과
구토를 맛보았지만, 그래도 산모의
기미 낀 얼굴 같은 수면 위로 좀처럼
지워지지 않는 웃음이 있었다 거의
피로와 잔주름으로 이루어진 미소,
오래전 신랑인 바람이 다녀간
뒤로, 환하게 바다가 머금은……

78
지금 우리가 떠나도

내포에 들어와서 물은 더 이상
갈 곳이 없음을 안다 넓은 양푼
위에 찍힌 징의 자국 같은 상처를
펼쳤다 거두면서 그래도 아직 할
일은 남아 있다는 듯, 종일 하늘빛
빨아들이던 물은 이제 그 하늘빛
게워내고 있다 한참 젖을 빨다가
토악질도 않고 올려내는 아이처럼
아, 오래 바라보면 바다엔 표정이
없다 지문이 문드러진 늙은 손처럼,
지금 우리가 떠나도 명멸하는 빛이
남는다는 건 얼마나 서러운 일인가

79
술 지게미 거르는 삼각 받침대처럼

저 배흘림의 선을 얻기 위해
산들은 얼마나 귀 기울였을까
요절할 수 없는 것들이 만드는 선,
불타 사그라져 재가 되어 얻는 선
술 지게미 거르는 삼각 받침대처럼
저들의 어깨는 다른 어깨를 받기 위한 것
저들의 울음은 다른 울음으로 흘러내려가는 것

80
죽어가며 입가에 묻은 피를

비 오는 날 우산 받쳐들고 산에 오르면
산은 흘러내리는 빗물 제 혀로 핥고 있다
그리움이나 슬픔 그런 빗나간 느낌도 없이
산은 괴로움에 허리 적시며 젖고 있다
죽어가며 입가에 묻은 피를 제 혓바닥으로
핥는 짐승처럼, 그 산 내려오다 뒤돌아보면
산은 제 괴로움에 황홀히 피어나고 있다
오직 스스로를 항복받지 못했기에,
세세 영원토록 제 괴로움 홀로 누리는 산

81
경련하는 짐승의 목덜미를

그 뿔과 갑주의 등허리에 흰 눈 뒤집어쓰고
산은 쓰러져 있다 아무도 달랠 수 없고
위로할 수 없는 산, 제 굶주림과 性과 광기를
제 힘으로 못 이겨 헐떡거리는 산, 홀연히
눈보라 치면, 꼭대기 레이더 기지 첨탑은
경련하는 짐승의 목덜미를 더 깊이 후벼팠다

82
그 흉터 그대로 생일 옷 꺼내 입고

그 산은 우리 광대뼈 위에 있다
모로 째진 눈과 비쩍 마른 몸매의
그 산은 외몽고에서 쑹화 강 넘어왔다
그 산을 깎은 것은 비바람 번개만은
아니었다 군화발과 최루탄 페퍼포그가
그 산의 이마에 문어포를 떴다 향로
머리에 인 그 산의 봉우리마다 노을진
하늘은 상다리 부러지는 제사상이다
거기 꺼멓게 그을린 팔과 오래 물에 잠겨
퉁퉁 불은 얼굴들 켜켜이 쌓여, 그 몸 스스로
기억인 산, 그 속 통째로 통곡인 산, 전신에
신나 끼얹고 불타지 않는 산, 전신에 신나 끼얹고도
흉터만 챙기는 산, 그 흉터 그대로 칠보 문신인 산
보라, 그 흉터 그대로 생일 옷 꺼내 입고
천년 눈비에 눈시울 적시는 산, 천년 눈비에
어질머리 누벼, 누빈 옷 걸쳐 입고 번쩍
햇살 그네 올라타는 산, 햇살 그네 한껏 당겨
날아오르는 산, 제 입으로 토한 실 면면 하늘에 걸고
순식간에 몸을 날려 활강하는 산, 푸르른 형벌 속에
다시 뛰어드는 산, 푸르른 형벌 그대로 단풍 드는 산,

아, 얼마나 많은 가시 네 가슴을 할퀴고
얼마나 많은 못 네 어깨에 박혀야
둥근 빛 덩어리, 빛의 소용돌이 어둔 밤을 찢을까!
그 산은 아직 우리 광대뼈 위에 있다
움푹 꺼진 눈꺼풀 아래 오래 잠 못 드는 산

제3부 진흙 천국

83
손톱으로 북 긁으면

아침에 깨꽃 붉은 꽃잎이 떨어질 힘도
없이 알루미늄 새시 틈에 말라붙어 있었다
손가락으로 헤집고 떼어내도 떨어지지 않았다
아침부터 진눈깨비 올 거라는 예보를 무시하고
푸슬푸슬 비 내리고, 한길엔 중풍 들린 사내
더디게 게걸음 연습을 하고 있었다 정육점에서
소 뼈다귀 사서 허리 다쳐 몸져누운 어머니
찾아가는 길, 손톱으로 북 긁으면 슬레이트
낮은 지붕 위로 깨꽃 붉은 꽃잎이 묻어났다

84
그것들 한번 보려고

서울 매제가 일하는 병원에 어머니 입원시켜
드리고 차를 몰고 중부고속도로로 들어설 때
눈앞에 돌연 겨울 흰 꽃들, 나무도 갈대도 가시
덤불도 설화석고다 산호초처럼 움직이는 그것들
너무 아름다워…… 그것들 한번 보려고 사람은
사는 것이다 그것들 한번 보고는, 오줌 눈
뒤처럼 몸 부르르 떠는 것이다, 겨울 흰 꽃들

85
언제나 미치게 아름다운

1998년 1월 2일 선산에서 상주로 통하는
25번 국도에서 개나리 덤불이나 관목숲,
하다못해 갈대까지도 성에로, 서리로
하얗게 코팅한 상태에서, 감 홍시 같은
해는 안개 낀 하늘 위 데구루루 굴러
내 차 유리창 앞에 딱 붙어 섰는데, 그것들
너무 아름다워 내 눈이 나도 모르게 웃었다
아름다운 것은 언제나 미치게 아름다운 것,
아름다운 것은 언제나 전속력 전방위적으로
아름다운 것, 왜 어떻게 아름다우냐고
물으면, 왜 어떻게 아름답다고 대답할 뿐,
코팅한 입으로 무슨 할 말이 있겠는가?

86
봄눈 오래 녹지 않는

호랑가시나무를 본 적이 없다
호랑가시나무를 보아도 그게
호랑가시나무인지 모른다 그러나
보름 전 아픈 어머니 고향에서
모셔와 아이들 방에 눕혀드리고
이따금 들여다보면 눈 덮인 호랑
가시나무 같다 드러누우면 근골이
땅겨, 하얀 솜이불 속에 웅크린
어머니, 어젯밤엔 하도 다급해
요에 이불에 한참을 토하고, 엄마,
그거 토한 거 아냐? 물으면
고개 끄떡이고 돌아눕는 어머니,
봄눈 오래 녹지 않는 호랑가시나무

87
찬물 속에 떠 있는 도토리묵처럼

어느 여름 매미가 남겨놓은
껍질 같은 육체가
새로 들여온 삼백육십만 원짜리
통가죽 소파에 몸 가누고 있다

하루 종일 토하고 밤에는
잠 못 이루는 어머니,
찬물 속에 떠 있는 도토리묵처럼
말씀 없으시다가,
인제 겁 안 난다, 살 만큼 살았으니……

살얼음 낀 우물을 들여다보듯
한 고통이 다른 고통을 들여다본다

88
파리도 꽤 이쁜 곤충이다

경남 충무나 고성 일대에서는 파리를 '포리'라 한다
'포리', 그러고 보면 파리도 꽤 이쁜 곤충이다 초겨울
아파트 거실에 들어온 파리는 쫓아도 날아가지 않고,
날아도 이삼십 센티 앞에 웅크리고 앉아 예의 반수면
상태에 빠져든다 '포리', 여든을 바라보는 아버지는
한사코 택시를 타지 않으신다 마늘이나 곶감이 가득
든 가방을 메고 그보다 더 무거운 사과 궤짝을 들고
버스 두 번 갈아타고 고층 아파트 아들 집을 찾으신다
때가 꼬지레한 바바리에 허리 굽은 노인은 예전에
라면이나 풀빵으로 끼니 때우며 자식 공부를 시켰지만,
취미라고는 별것 아닌 일에 벌컥벌컥 화내는 것이다
땅 한 뙈기 없는 집안의 삼대 독자, 백발의 아버지는
이제 할머니 제사 때도 목놓아 통곡하는 일이 없다
헛도는 병마개처럼 꺽꺽거리는 헛기침이 추진 울음을
대신할 뿐, 요즘 아버지는 누가 핀잔해도 말씀이 없다
'포리', 지난번 묘사 때 할머니 산소 찾아가는 길에
아버지는 힘에 부쳐 여러 번 숨을 몰아쉬다가 시동 꺼진
중고차처럼 멈춰 섰다 아내는 등 뒤에서 아버지를 밀어
드렸다 가다가 서고, 가다가 또 쉬고 얼마나 올랐을까
산중턱 바윗돌에 앉아 가쁜 숨 몰아쉬는 아버지의 뺨에,
거기까지 따라온 파리가 조용히 날개를 접었다

89
이제는 힘이 빠진 날벌레를

어떤 밤에는 달이 하도 밝아
이부자리 거꾸로 하고
달을 보며 잠이 들었다
밤중에 목말라 깨면
아내는 달빛을 받고 있었다
달빛은 금실 은실
잠든 아내를 에워싸고
이제는 힘이 빠진
날벌레를 거미가 지키듯이,
나는 숨결도 없는
아내를 오래 바라보았다

90
허벅지 맨살을 스치는

겨울 아침밥 먼저 먹고
화장실에서 들으면
아이들 숟가락 밥그릇에
부닺기는 소리,
먼 옛날 군왕의 행차 알리는
맑은 편종 같고,
군왕의 행차 지나간 다음
말방울 여운 같고,
어느 뒷날 상여 지나간 다음
내 묘혈을 파는 괭이 소리 같다
겨울 아침 아이들 숟가락
사기 밥그릇에 부딪기는 소리,
오줌 떨고 난 다음
허벅지 맨살을
스치는 오줌 방울처럼 차갑다

91
수유에게 1

언젠가 내가 죽고,
네 엄마가 죽고,
개구쟁이 오빠들도
할아버지가 되고,

네 흰 머리엔
옛날 내 할머니의
은비녀가 꽂혀 있었다

얼마나 앓았는지,
거울 앞에서
너를 닮은 할머니
까박까박 졸고 있었다

먼지 낀 거울 속
새벽닭이 울고,
세상에 핏덩어리 너를
낳은 적, 닭 벼슬보다 붉었다

92
수유에게 2

너의 생일 다음날 비가 왔다
비 온 뒤 아스팔트 고인 물을
성큼 뛰어넘으려 할 때,
그 얕은 물 속 푸른 하늘과
새털구름을 타넘을 줄 나는
몰랐다 울렁거리는 내장이
먼저 흥분했고 한순간 발바닥이
뜨거웠던가 물 위에 흘러내린
무지개 기름띠, 하늘 홍예문에
내걸렸으니 (아직은 네게 보여
주지 않을 거야, 하늘 홍예문!)

93
또 그때처럼 구두 바닥으로

아카시아 꽃잎과 빗물이
다져져 길이 되었다
그 위로 조금씩 흐르는
빗물은 아무도 씻어줄 수
없는 눈물이었다 (어느 봄
중앙병원 혈액종양외과
병동 앞에서, 초로의 어머니와
딸은 그렇게 울고 있었다)
아무도 씻어줄 수 없는
눈물을, 나는 또 그때처럼
구두 바닥으로 짓이기고 있었다

94
왜 이렇게 가슴 뛰느냐고

새 학기에 고 3이 되어야 할 여자 아이는
머리 박박 밀고 입에 마스크 하고 신승훈인가,
이승환인가 요즘 나오는 발라드 가수의 노래를
흥얼거린다 그래, 노래라도 해라, 애야, 노래라도
자꾸 불러라, 시어머니 병수발하던 옆 침대
아줌마가 중얼거린다 달포 전 아침부터 토하고
설사해 정밀 검사 받아보니 간에도 폐에도 암은
퍼진 지 오래여서, 그래도 그 엄마 울고불고
수술은 해야겠다기에, 거의 배꼽 근처까지 장을
잘랐다는 아이, 잣죽이나 새우깡 부스러기 먹는
족족 인공 항문으로 쏟아내고, 또 아이스크림
먹고 싶어 미치겠다고 제 엄마 졸라 매점 보내고
나서, 아이는 베개 한쪽에 뺨을 묻고 노래부른다
왜 이렇게 가슴 뛰느냐고, 왜 이렇게 행복하냐고
6인 병실 처음 들어오던 그날, 왜 내가 죽느냐고
왜 나만 죽어야 하냐고, 그리 섧게 울던 그 아이는

95
추석

밤하늘 하도 푸르러 선돌바위 앞에
앉아 밤새도록 빨래나 했으면 좋겠다
흰 옥양목 쳐대 빨고 나면 누런 삼베
헹구어 빨고, 가슴에 물 한번 끼얹고
하염없는 자유형으로 지하 고성소까지
왕복했으면 좋겠다 갔다 와도 또 가고
싶으면 다시 갔다 오지, 여태 살았지만
언제 살았다는 느낌 한번 들었던가

96
그 여자 돌아오지 않고

비냡스키의 바이올린 곡을
밤에 들으며
까치발로 서서 돌다가
소용돌이 속으로 들어가는
한 여자를 본다
그 여자 돌아오지 않고
혼자서, 얼어붙은 강을 깨고 김 오르는 빨래
돌에 쳐댈 때, 희끗희끗 비누 거품처럼
퍼져나가는 것이 있다
멀리 가서는, 급히
벗어놓은 흰 속옷 같은 것이 떠다니고 있다

97
못에 낀 살얼음은

못에 낀 살얼음은
중국집 볶음밥 그릇을
덮은 투명 비닐이다
근처 호프집, 닭도리탕집
네온 불빛이 얼어붙은 못 아래
꽃핀 사월의 복숭아 과수원을 만들어도
뒤틀리고 갈라터진 떡버들의
腹痛은 그치지 않는다

98
빨간 열매들

빨간 열매들,
멀리서 보면 시멘트 바닥에 엎질러진
김치 국물 같다
가까이 와보렴, 하고
바람이 손 흔들기 전에는
(바람은 아파트 단지 보일러 굴뚝에서
연기를 만졌나 보다, 검다)
빨간 열매들, 요즘
아홉시 뉴스 앵커들 옷깃에 달린
브로치를 닮았다,
시든 잎새라도 있었으면 춥지 않았을 것을

99
돌의 초상

오래 닳아 부드러운 돌은
한가운데 저를 닮은 입을
한껏 벌리고 있지만
아무것도 씹은 흔적 없고,
뒤에는 말할 수 없는 균열이 있어
칼끝이 지나간 선사 시대 두개골을 닮았다
그러나 또 돌려 세워놓고 보면
저를 빼닮은 입가의 잔잔한 반점들이
혼숙과 난교의 아픈 밤을 보낸
미성년의 신발들 같다

100
벽지가 벗겨진 벽은

벽지가 벗겨진 벽은 찰과상을 입었다고
할까 여러 번 세입자가 바뀌면서 군데군데
못자국이 나고 신문지에 얻어맞은 모기의
핏자국이 가까스로 눈에 띄는 벽, 벽은 제
상처를 보여주지만 제가 가린 것은 완강히
보여주지 않는다 그러니까 못자국 핏자국은
제가 숨긴 것을 보여주지 않으려는 치열한
알리바이다 입술과 볼때기가 뒤틀리고 눈알이
까뒤벼져도 좀처럼 입을 열지 않는 피의자처럼
벽은 노란 알전구의 강한 빛을 견디면서,
여름 장마에 등창이 난 환자처럼 꺼뭇한 화농을
보여주기도 한다 지금은 싱크대 프라이팬 근처
찌든 간장 냄새와 기름때 머금고 침묵하는 벽,
아무도 철근 콘크리트의 내벽을 기억하지 않는다

101
마지막 갈 길까지

굶주림이 남긴 자취
저리 투명하다니
한사코 굶주림에
파먹히지 않았다면
저리 섬세한 망사가
드러날 수 있었을까
마지막 갈 길까지
다 파먹은 벌레는
다슬기 속살처럼 푸른
제 똥을 내려다본다

102
싸움에 진 것들은

이른 아침 모과나무 잎새가 떨어져
내리고 잔가지 부러지며 외마디 소리
지르는 것은 그 속에서 일방적이지만
않은 싸움이 있었다는 것이다 반드시
선하거나, 선하지 않은 싸움은 없다
이겨서 가쁜 숨 몰아쉬는 것에게나,
일찍이 싸워본 적 없다는 듯 나가
뻐드러진 것에게나, 못다한 분량의
섹스와 쉴 새 없이 입질해줘야 할
성마른 새끼들이 있다 이른 아침
모과나무 잎새와 잔가지들 고요할
때면 싸움에 진 것들은 이긴 것들의
혀 밑에서 단 침이 되어 흐를 것이다

103
진밭골의 개들

아직 어린 것들이 진흙밭에서
달리며 넘어지며 마구 올라탄다
흙투성이 털에 겨울바람 끼었으며
훌쩍 올라타서 제 몸 일부를 끼워
넣으려고 발버둥이다 제 몸 일부를
빳빳이 세워 마구 펌프질하는 것들,
제 몸 일부가 아니라 제 몸 통째로
쑤셔 넣어야 직성 풀릴 환장할 것들,
거기 쑤셔 넣지 않으면 너희에게 무슨
일이 생기는가 무슨 까닭에 너희는
진흙 천국 속으로 들어가려는 것이냐

104
포도 씨 같은 것을 뱉듯

아파트 입구에 내놓은 교자상이 비에 젖고 있다
지금 빗물은 호마이카 상판 위에 고여 있지만
모서리 틈새나 못 빠진 자국 찾아 들어갔다가
햇빛 나면 습기 되어 빠져나갈 것이다 음식물
쓰레기 봉투를 든 새댁이 관리실 앞을 지나며 경비
노인에게 인사한다 거의 눈짓에 가까운 인사, 약간
입술을 오므리고 포도 씨 같은 것을 뱉듯 그렇게
하는 인사, 물 위를 스치는 잠자리 날개 같은 인사
나의 웃음도 그렇게 올라타고 싶구나 물 위를 스치는
잠자리 날개에 제 날개를 포개는 잠자리 수컷처럼
이제는 동네 슈퍼로 들어가버린 여인, 생각해보라,
술은 술 노래를 모르고 나는 당신을 모른다는 것

105
그가 할 수 있는 일이란

보닛이 열린 자동차 밑에서 그가 할 수
있는 일은 한껏 머리를 밀어 넣고,
기름때 묻은 손을 뻗어 더듬고 돌리고
비틀어보는 것이다 냉각수가 떨어져
머리카락 적시고 엔진오일에 러닝셔츠가
젖어도 도대체 그가 할 수 있는 일이란
더 한껏 몸을 차대 안으로 밀어 넣고
몇 번이나 풀려고 애쓰던 볼트를 별수 없이
다시 조이는 것이다 농구화가 신겨진 그의
다리가 신문지에 얻어맞은 파리처럼 몇 번
경련하다 멎을 때, 초겨울 햇살이 미루나무
남은 잎새를 흔들고 살얼음 낀 붉은 고무
대야가 더럽혀진 그의 손을 기다릴 것이다

106
그리 단단하지 못한 송곳으로

비는 그리 단단하지 못한 송곳으로
땅을 쪼으려 내려오다 바닥에 닿기
전에 드러눕는다 자해 공갈단이다
비는 길바닥에 윤활유 들이부은 듯
아스팔트 검은빛을 더욱 검게 한다
하늘에서 내려올 땐 무명 통치마였던
비는 아스팔트 바닥 위를 번칠거리며
흐르다가 하늘을 둘러싸는 여러 다발
탯줄이 된다 아, 오늘은 늙은 하늘이
질퍽하게 생리하는 날 누군가 간밤에
우주의 알집을 건드린 거다 아니다,
아무도 다녀가지 않은 알집 두터운 벽이
스스로 깨져 무너져 쏟아지는 것이다

107
떡가루 같은 눈 쓸어올리며

잎 떨군 나무들의 그림자 길게 깔리면서
푸르름 가시지 않은 땅은 석쇠에 그을린
스테이크 같았다 그 뒤로 강, 처음엔 딸기를
재배하는 비닐하우스인 줄 알았다 미안하다
강, 눈 덮인 겨울이면 냇가에 내다 버린 암캐
탯줄처럼 한없이 늘어나 때 묻은 속옷 아래
덜 아문 배꼽까지 닿아 있던 강이여, 돌아서
담배 한 대 피는 사이 풀풀풀 떡가루 같은 눈
쓸어올리며 너는 방패연 긴 꼬리처럼 천천히
떠올랐다 아니다, 칼바람 잦아들면 너는 눈썹
끝까지 솜이불 끌어올린 겨울날의 늦잠이거나,
내장이 터진 어떤 생을 가리는 포대 자루였다

108
이동식 방사선 치료기처럼

어젯밤 해는 뒷산 떡갈나무
아래 깊은 구덩이에서
고슴도치처럼 뒹굴다가,
오늘 아침 굵은 설탕 묻힌
오화당 사탕처럼 떠올라,
아스팔트 티눈 같은 사금파리
각진 보석으로 빛나게 하고,
아침 산책 나온 지렁이 남매
자수정 목걸이로 변할 때까지,
이동식 방사선 치료기처럼
잠시 더 머물 것이다

109
쏟아놓은 이쑤시개처럼

광주리에 씻어놓은 막창 대창처럼
세상의 길들 안개 속에 가지런하고,
보이지 않는 담낭처럼 죽음은 혹독한
즙을 흘린다 이제 해가 뜨면 꽁치 굽는
냄새, 참외 물러터지는 냄새 축농증
앓는 코를 찌르고, 햇빛은 쏟아놓은
이쑤시개처럼 피 덜 마른 뼈다귀들과
함께 종량제 쓰레기 봉투 속으로 들어갈
것이다, 당신은 어디로 들어가려는가?

110
여리고 성 근처

헐벗은 미루나무 꼭대기에서 겨울 해가
기어내려오고 있다 통조림 캔에서 금방
꺼낸 복숭아 알을 닮은 해, 매연과 땟국물로
식사하고도 아프단 소리 한번 안 하는 해는
해마다 한 번씩 건강 진단 받는 것도 아니다
이제 미루나무 꼭대기를 완전히 벗어난 해는
돼지감자탕집 간판에 정수리가 찢기면서
뒷산 언덕에 벌건 핏국물을 터뜨린다 그 피
다 빠지고 나면 여호수아 교회 십자가에 네온
불빛이 들어오고, 메시아가 될 한 아이를 찾아
어둠은 헤롯의 군사들처럼 들쑤시고 다닐 것이다
하지만 해는 내일 아침에도 예림 안마 시술소
뒤쪽 출입문으로 떠오를 것이다 여간해 찢기지
않는 낙타표 텍스처럼 해는 기어이 절망하지
않을 것이다 정액 흘러내리는 낙타표 텍스처럼
해는 풀죽어 시든 것들을 위해 눈물 흘릴 것이다

111
어떤 풍경은

어떤 풍경은 늦게 먹은 점심처럼
그렇게 우리 안에 있다
주먹으로 누르고 손가락으로 쑤셔도
내려가지 않는 풍경,
밭 갈고 난 암소의 턱에서
게 거품처럼 흐르는 풍경,
달리는 말 등에서, 뱃가죽에서
뿜어나오는 안개 같은 풍경,
묶인 굴비 일가족이 이빨 보이며
노래자랑하는 풍경,
어떤 밤에는 젊으실 적 어머니
봉곳한 흰 밥과 구운 꽁치를
소반에 들고 들어올 것도 같지만,
또 어떤 대낮에는 '시집 못 간
미스 돼지'라는 돼지갈비집 앞에서
도무지 사람이라는 게 부끄러워지는 풍경,
갈비 두 대와 된장찌개로 배를 채우고
녹말 이쑤시개 혀끝으로 녹여도 보는 풍경,
그러나 또 어떤 풍경은 전화 코드 뽑고
한 삼십 분 졸고 나면 흔적이 없다

112
석쇠 엎어놓은 듯

석쇠 엎어놓은 듯 갈라터진 촌로들의
손등이여 상하고 껍데기 까져도 의연한
국숫집 상다리여 상다리 사이사이
꼬부라진 陰毛 몇 개가 만드는 상징적
지도여 온몸이 슬퍼서 아플 데가 없는
무척추 동물의 한가로움이여 기억의
패총이여 패총에서 솟아오른 대숲이여
늘어진 돼지 불알의 힘없는 주름처럼
잔잔하고 그윽한 동곡의 저녁이여,
돼지도 생전에 제 안뿔을 알았을까

113
매화산 어깨 빠지도록

그곳엔 우리 십육 년 전부터
다닌 '네 고부 국수집'이 있고
언젠가 도라지 위스키 한 잔에
육만 원을 뜯긴 '동궁다방'이
있다 우리가 비운 안뽕 접시만
해도 수미산이 될 것이다 동곡,
장터 길목의 살얼음 밟고 비틀
거리던 햇병아리와, 여름 한철
다리 뻗고 잠자던 잡종 개들의
세월, 그대에게 봉헌하노니, 언제
우리 하빈 면사무소 앞에서 만나
매화산 어깨 빠지도록 기지개나
켜다가, 승천하기 직전 '네 고부
국수집'에 다시 들를까 일찍 배
꺼지는 국수의 담백한 맛과 달큰한
비계의 여운 혀 끝에 간직한 자,
누구나 신선 될 자격이 있다

114
동곡엔 가지 마라

당신이 동곡에 간다 하면 나는
말릴 것이다 동곡엔 가지 마라
그곳에 대구매일신문 '맛 자랑
동네 자랑' 코너에 소개된 할매
국숫집이 있다 해도 가지 마라
할매는 삼 년 전에 돌아가셨다
근처 처갓집 국수가 할매집보다
맛있다 해도, 백 배 천 배 맛있다
해도 가지 마라 눌린 돼지 머리와
안뽕을 내오는 외지인 아줌마가
텔레파시를 보낸다 해도 동곡엔
가지 마라 그곳에 한번 가면 못
돌아온다 오일장 설 때마다 쌀튀밥과
토끼 새끼 내다 파는 중절모 사내와,
식칼과 도끼 함께 벼리는 염소 수염
할배가, 삶은 황소개구리 육질을
심심찮게 찢는 젖통 큰 과부를 두고
사랑 싸움을 벌인다 해도, 밤마다
그 과부 시뻘건 두툼한 입술로 당신
입에 뜨신 바람 불어넣어주겠다 해도,

가지 마라, 굳이 못 갈 것도 없지만
가지 마라, 다시는 당신 못 돌아온다

115
지진아와 자폐아의 싸움처럼

지진아와 자폐아의 싸움처럼
봄은 왔다 유채꽃 들판으로
망각의 코끼리가
뚜벅뚜벅 지축을 울릴 때
우리는 지난 겨울을 생각하며
추억 방제용 염화나트륨을 뿌렸다
봄이었는데 꿈 많은 우리의 하초는
번데기처럼 쫄아들었고
우리의 눈동자 속에 다시금
뽀끔뽀끔 게 구멍 같은 빛이 일어
지독한 카리스마의 영덕 대게 형님을
찾아 나섰다 봄이었는데
재래 시장 건어물 코너 참조기 세트
무슨 프로젝트라도 따려는 듯
한껏 입 벌리고 마른 침 흘리는 것
한껏 기분 좋게 웃어주고,
한입 가득 포르말린 냄새 내뿜어
간잽이 얼간잽이 생선들 겁도 주었다
형님 그곳에 오신 지 오래였다
눈물 빗물 훌쩍이며 돌아오는 길,

동네 슈퍼에 들러
독거 갈비살과 소년 골뱅이들에게
진실한 용기 북돋워주었다
세상의 분노는 아우타기 하는
거라고 타이르면서,
허파 뒤비고 잘 참으면
허파 뒤벼질 날 꼭 온다고
고구정녕 타이르면서

116
국밥집 담벽 아래

겨울 오후 국밥집 먼지 앉은
비닐 장판에 미끄러져 들어온
햇빛, 선팅한 유리 창살 격자를
죽은 듯이 눕혀놓는다 아침부터
테니스 치고 땀에 쩔어 들어온
국밥집, 오늘 하루도 벌건 국밥에
썰어 넣은 대파같이 잘도 익었구나
소주 한 병에 여섯이 달라붙어,
구이집 마담의 무성한 거웃이나
재혼한 친구 마누라 탱탱한 궁뎅이
감탄하다가, 비틀거리며 국밥집
나올 때면 부끄러워라 국밥집 담벽
아래 바르르 떠는 참대나무 앞에서
그만, 얼굴 폭 가리고 울고 싶어라

117
그날 우리는 우록에서 놀았다

십만 원이면 사슴피 한 잔을 마실 수 있다는
우록에 갔다 동네 테니스회 야유회 날이었다
모자를 눌러쓰고 쭈그리고 앉은 사내들 운명적
大魚를 꿈꾸는 유료 낚시터 지나, 빠듯한 외통수
길을 따라갔다 맑은 물 흐르는 시냇가에 봄풀을
뜯는 염소들 뾰족한 입에서 흰 이빨이 빛났다

마리당 이십만 원에 두 마리를 잡았다고 회장님
말씀하시자 모두들 기립 박수를 했다 미리 연락
받고 상 차려놓은 터라, 손 씻으러 수돗가에 갔다
비누와 수건이 놓여 있는 그곳에 아직 치우지 않은
식칼과 도마가 있었고 군데군데 염소 수육이 흩어져
있었다 수육의 살점이 성기 속살처럼 거무튀튀했다

그날 우리는 해 질 때까지 우록에서 놀았다 양념한
염소 고기 숯불에 구워 뜯으며 흘러간 옛 노래를
힘차게 불렀고 老少同樂 뚱뚱한 배와 호벅진 엉덩이
흔들며 요즘 가수들의 춤사위를 잘도 흉내냈다
나도 얼마나 흔들어댔는지 예술가는 과연 다르다고
칭찬까지 받았다 염소의 피냄새가 입 안에 그득했다

118
멍텅구리 배 안에선

밤의 별들은 남지나해에서 선상 반란을
일으킨 선원들 같다 지금도 신안 앞바다
어디쯤 새우잡이 배를 타고 있을 젊은이
몇이 모질게 두들겨 맞고 있을지 모른다

혼자 힘으로는 도저히 어쩔 수 없는 폭력이
있다 나도 폭력 앞에서는 아버지! 하고 무릎
꿇는다 멍텅구리 배 안에선 어쩔 수가 없다

밤의 별들 몸 던지는 유원지 못가에 낚시꾼들
갖은 미끼로 물고기를 괴롭히고, 우거진 덤불
숲 황금 거미 한 마리 홀로, 거룩히 빛나신다

119
제가 무슨 아리따운 소녀라고

동네 뒷산의 아카시아 나무를 제일 많이
괴롭히는 건 꼬부라진 영감 할매들이거나
중풍으로 비칠거리는 초로의 사내들이다
일종의 원한, 생이 충만한 것들에 대한
복수 같은 것일까 어떤 할매는 웬 힘이
치솟는지 아예 어린 나무에 올라타고 앉아
가지 끝이 질질 끄이도록 잡고 누른다
그리고는 제가 무슨 아리따운 소녀라고
두 손 입가에 모으고 가래 끓는 소리로
야—호— 깨금발 뛰며 열두 발 상모 같은
메아리 날리고 비틀비틀 언덕을 내려간다
허리에 잡아맨 카세트 라디오로 경쾌한
아침 음악 들으며, 덕분에 언덕배기 어린
아카시아는 올 여름을 못 넘길 것 같다

120
찔레꽃을 따먹다 엉겁결에 당한

웬 미친놈이 학교 가는 사내애에게
황산을 끼얹었다
아이 얼굴은 새까맣게 탔다

푸른 잎새 넘실거리는 보리밭에서
깜부기를 뽑을 때처럼
삶은 난감한 것이다

삶이란 본래
시골 마을 질 나쁜 젊은 녀석들이
백치 여자 아이를 건드려
애 배게 하는 것이라고 생각도 하지만

찔레꽃을 따먹다 엉겁결에 당한
백치 여자 아이는
눈부신 돛배처럼 내 앞에서 놀고 있다

121
좋긴 한데, 쪼끔 부끄럽다고

수많은 젖을 늘어뜨리고
젖 빠는 새끼들 먼 눈으로 외면하는
늙은 암캐, 한때 생은 나에게 그랬던 것일까

출렁거리는 젖통 때문에
앉지도 눕지도 못하는 슈퍼 젖소의 골반에도
더러 나의 생은 머물렀던가

뼈다귀에 남은 힘줄을
한사코 가위로 잘라내던,
갈비집 제복 입은 아가씨의 굵은 팔뚝에
단옷날 그네라도 매고 싶었던가, 나의 생이여

속정 깊은 생이여,
여느 궂긴 동네 잔치판 빼놓지 않는 마당발이여,
빠닥한 만 원짜리 몇 장 입에 물고
좋긴 한데, 쪼끔 부끄럽다고 호호 웃는 돼지 머리여

122
부풀고 꺼지고 되풀이하면서

애를 배려면 반드시 사랑이 있어야 하는 건
아니다 대개 면 단위 촌동네에는 좀 모자라는
여자 아이 한둘은 있어, 빵그랗게 부푼 배로
가을 들판을 헤매기도 한다 동네 질 나쁜 젊은
녀석들이 사탕 몇 개 주고 단체로 올라탄 것이다

배가 부푸는 데는 짝짓기가 필요한 것도 아니다
이른 아침 동네 체육공원에서 잘생긴 수캐 한 번
붙여주고 십만 원씩 받는 흐뭇한 사내들도 있지만,
동네 나들이 한번 잘못 나갔다가 저보다 큰 개들
임신한 것 보고 저도 몰래 입덧하는 발바리도 있다

한번 배가 부풀면 잘 먹고 많이 먹어야 한다 제
팔뚝만한 메기를 고아 첩첩 비닐 팩에 넣어 임신한
아내에게 먹이는 착한 신랑들도 있지만, 한밤중 곤히
잠든 딸아이의 팔뚝에서 지치도록 피를 빠는 것은 모기
암컷이다 공짜 짝짓기에 열 올리는 수컷은 여가가 없다

그러니까, 저 많은 암컷들의 배는 하늘의 달처럼
구령도 없이 부풀고 꺼지고를 되풀이하는 것이다

저 많은 암컷들의 고단한 배처럼 하늘의 달도 구령
없이 부풀고 꺼지고 되풀이하면서, 노란 알 덩어리
하나씩 물 위에 떨어뜨리고 구름 속에 잠드는 것이다

123
내 생에 복수하는 유일한 방법처럼

진해에서 훈련병 시절 외곽 초소 옆
개울물에 흰 밥알이 떠내려왔다 나는
엠원 소총을 내려놓고 옹달샘 물을
마시는 노루처럼 밥알을 건져 먹었다
물론 배도 고팠겠지만 밥알을 건져 먹는
내 모습을 보고 싶어서였다 나는 나를
비참하게 만들어 생에 복수하고 싶었다

매점 앞에서 보초 설 때는, 단팥빵
맛이 조금만 이상해도 바닥에 던지고
가는 녀석들이 있었다 달려드는 중대장의
셰퍼드를 개머리판으로 위협하고, 나는
흙 묻은 빵을 오래 씹었다 비참하고 싶었다
비참하고 싶은 나를 바라보고 싶었다
내 생에 복수하는 유일한 방법처럼

또 일병 달고 구축함 탈 때, 내게 친형처럼
잘해주던 서울 출신 중사가 자기 군화에
미역국을 쏟았다고, 비 오는 비행 갑판에 끌고
올라가 발길질을 했다 처음엔 왜 때리느냐고

대들다가 하늘색 작업복이 피로 물들 때까지
죽도록 얻어맞았다 나는 더 때려달라고, 아예
패 죽여달라고 매달렸고 중사는 혀를 차며
뒤도 안 돌아보고 내려갔다 나는 행복했고 내
생에 복수하는 것이 그렇게 흐뭇할 수 없었다

그리고 제대한 지 삼십 년, 정년 퇴직 가까운
여선생님 집에서 그 집 발바리 얘기를 들었다
며칠 바깥을 싸돌아다니다 온 암캐가 갑자기
젖꼭지 부풀고 배가 불러와 동물병원에 갔더니
가상 임신이라는 것이었다 그것은 내 얘기가
아니었던가 지금까지 세상에서 내가 훔쳐낸
행복은 비참의 가상 임신 아니었던가 비참하고
싶은 비참보다 더 정교한 복수의 기술은 없다는
것을, 나는 동물병원 안 가보고도 알게 되었다

124
문득 그런 모습이 있다

문득 그런 모습이 있다
창밖을 바라보는 개의 뒷모습
축 처진 귓바퀴에
굽은 등뼈가 산허리를 닮은 개
두 겹의 배가 뒤에서도 보이고
펑퍼짐한 엉덩이가 무거운 개

개는 붉은 의자에 올라앉아
창밖을 내다본다
창밖엔 흰 구름이 브래지어 끈처럼
걸쳐 있고, 하늘은 푸르다
개는 뒤를 돌아보지 않는다

지금 개가 돌아앉아
창밖을 내다보는 곳이
당신 방이라는 것을 아는가
대체 개의 머리는 바라보는 일에 무력해서
저렇게 비스듬히 세워진 몸뚱어리가
창밖을 내다보는 것이다

개의 위와 식도와 창자가
고무호스처럼 포개어진,
누르스름한 물컹한 다라이 같은 개의 뱃집이
창밖의 풍경을 빨고 삼키고 주물텅거리며
소화시키고 있는 것이다

개는 거칠고 표독하거나
신경질적이지 않다
개의 불룩한 배와 축 처진 귀가
그렇게 일러준다
하지만 곧추세운 개의 허리는
개의 의지가 우둔하고
완강하고 뻔뻔하게 그의 삶을 버티고
있다는 것을 말해준다

당장이라도 당신은 다가가
쓰다듬어주고
빈들빈들한 털 속으로 손을 넣어
긁어줄 수도 있겠지만,
당신은 그럴 생각이 없다

당신의 몸집보다 두 배는 굵은 개가
당신이 앉는 붉은 의자에 죽치고 있을 때
당신은 개를 불러 내려오게 할 수도 있으리라
하지만 당신은 그럴 생각이 없다
퍼질러 앉아 휴식을 취하는
개에 대한 예의에서가 아니다

그것은 개가,
당신 앞에 웅크리고 있는 개가
당신의 일부이기 때문이다
어느 날 오후 구름이 브래지어 끈처럼
내걸린 창가에서, 이해할 수 없는 푸른 하늘 앞에
당신의 일부가 저렇게 버티고 있는 것을
당신이 눈치챘기 때문이다

당신의 일부가 불가사의한 풍경 앞에,
난해한 오후의 햇빛 앞에 바보같이, 멍청하게
일어날 줄 모르고,
도대체 일어서야 한다는 것도

알지 못하기 때문이다

당신은 메리, 메리 혹은 쫑, 쫑 하고
부를 수도 있으리라
하지만 당신은 개를 부르지 못한다
볼펜이나 담뱃갑을 집어던질 수도 있으리라
하지만 당신은 그렇게 하지 못한다
그것은 개를 부르는 것이 아니라
당신 자신을 부르는 것이므로
당신이 당신을 부르려면
다른 시간, 다른 공간에 있어야 하므로

당신은 의자를 잡아 흔들거나
발길질할 수도 있으리라
하지만 당신은 그렇게 하지 못한다
맥박이 빨리 뛰고 가슴이 두근거리는데도
당신이 그렇게 하지 못하는 것은
두 겹의 뱃살과 숙 늘어신 겻바퀴로
우두커니 창밖을 내다보는 개가 당신 자신이므로

지금 브래지어 끈처럼 내걸린
구름이 군데군데 잘려나가기도 하는 오후의
하늘을 바라보는 개,
그 뒤에 당신이 있다
고요한 경악과 더듬거리는 혀와
명치끝까지 올라오는 아득함이 있다

이곳은 당신의 방이다
당신은 이곳에 잘못 들어왔다
이곳은 당신의 방이다
결단코 당신은 잘못 들어온 것이다
어느 날 문득 방문을 열다가
당신은 당신 자신을 보아버린 것이다

125
밤 오는 숲 속으로

내가 세상을 욕하고 엿 먹이고
내 안의 에이즈 균을 다 퍼주어도
밤새도록 깨어 있는 저 예릿한
달맞이 노란 꽃은 어쩔 수가 없다

내가 세상에 침 뱉고 누런 가래
억지로 끌어올려 마구 퍼부어도
밤 오는 숲 속으로 마저 들어가지 못한
저 산길의 한 자락은 어쩔 수가 없다

해설

오, '마라'가 없었으면 없었을……

강정(시인)

　필연적으로, 또는 어찌할 수 없어, 냉·온탕을 수차례 오갈 수밖에 없을 정신이 서슬 퍼런 경련을 일으키는 가운데, 왠지 누군가에게 죄송하다는 인사를 해야 한다는 강박에 사로잡힌다. 그런데 이 방향 없는 인사가 무척이나 불친절하고 강퍅할 거라는 조짐이 막 숙이려고 하던 고개를 다시 빳빳하게 굳히고 만다. "'수그리다'는 말이 '구부리다'는/말의 추억을 가"(48)진다는 시인의 말을 빌리자면, 나는 나도 기억 못 할 어느 시절부터 이미 구부리는 행위에 대한 강한 반감을 키워오고 있었던 건지도 모른다. 그럼에도 나는 왜 무려 10여 년 동안이나 벼리고 달이고 데워진 이성복의 시들 끝머리에, 돼먹지 못한 인사 타령이나 하고 있는 것일까? 갓 입봉하는 영화 감독처럼 이 암담하고도 무모한 노역이 무사태평하길 기원하는 고사상이라도 차리고 싶어서일까? 그러나 내 앞엔 "좋긴 한데, 쪼끔 부끄럽다고 호호 웃는 돼지 머리"(121) 하나 눈에 띄지 않는다. '쪼끔 부끄럽'기는커녕 얼굴이 숫제 들통 속에서 열 오른 돼지 머리처럼 달아오르고, 머릿속에선 쉴 새 없이 날카로운 쇳덩이 같은 것들이 육박전을 벌인다. 그럼에도, 여전히 누군가에게 인사를 하고 싶은 욕망을 주체할 수 없다.

처음엔, 그 대상이 생면부지의 내게 해설을 부탁한 시인 이성복인 줄로만 알았다. 그러나 아니다. 내 인생의 반세기 전, 멀쩡하던 나를 시의 진창 속으로 유혹함으로써 청춘을 골병들게 했던 그를 두고 무슨 세속의 예를 갖추겠는가. 내가 그에게 갖출 수 있는 (시적으로) 가장 합당한 예의는 아직 여물지 않은 언어의 진흙 더미를 호되게 얼굴에 뿌려버리는 일일 테다. 따라서 한 생물학적·사회적 주체로서의 시인 이성복은 내가 인사해야 할 대상에서 지워진다. 그럼, 혹시 이 글을 읽게 될, 10여 년 동안 시인 이성복의 시집을 기다려온 다른 사람들일까? 모르겠다(고 말하면서 괄호 속에 '아니다'를 감추는 이 용렬함이여!). 여전한 오리무중 속에서 갑자기 돼지 머리로 변해버린 내 꼴이 볼썽사나워 일단 힘 빡 주고 고개부터 숙여본다. 이 순간, 어쩐지 내가 "시골 마을 질 나쁜 젊은 녀석들이" 건드려버린 "백치 여자 아이"(120)가 된 기분이다. 그렇게 잔뜩 야코를 죽인 상태에서 진짜 '백치 여자 아이'처럼 입귀를 헐헐 벌리며, 다시 고개를 든다. 그랬더니, 눈앞이 캄캄하다. 눈앞은 캄캄하되, 눈 뒤, 그러니까 뇌수와 연결된 망막 뒤쪽의 알따란 신경막 부위가 거꾸로 밝아시는 듯하나. 신성 내가 인사하려 했던, 인사하지 않으면 숨통을 조여 죽일 것만 같았던 '그것'의 정체가, 아무것도 안 보이는 가운데, 선명하게 보이기 시작하는 것이다. 그것의 이름은 '마라'다.

  '마라'는 금지다. 한국어에서 그것은 금지형 명령어로 쓰인다. 동시에 '마라'는 유혹이다. 한국 말에서 그것은 욕구를 제어하지 못하는 것들에게 강한 제재를 가할 때 쓰인다. 그럼으로써 욕구를 더욱 첨예하게 고조시킨다(불교에서 윤회를 지배하는 수호신 이름이 '마라'였던가. 하지만, 그런 건 논외로 하자. 이성복의 시에서 '마라'는 한국어의 특유한 리듬에서 발생한 비일상적 언어의 돌연변이로 보는 게 더 타당할 것이기 때문이다). 색깔로 표현하자면 붉은색일 그것은 모종의 공포와 경이의 징후들을 품은 채 어둠을 뚫고 솟아오르는 태양의 형태로 드러난다. 그러나 그 드러남은 스스로를 감추고 숨기기 위한, '마라' 고유의 역설적 운동 방식이다. 한국의 어떤 자연 풍광 속에서 그것은 "오지 말았어야 할,/왜, 어떻게, 보지 말았어야 할"(25) '붉은 죽도화'의 외연으로 처음 등장했지만(언어화되었지만) '마라'를 최초로 현시했던 건 단순히 남국에 핀 꽃 한 송이만이 아니다. 서서히 늙어가면서 맑아지는 시인의 눈에 피 철철 흘리면서 붙들린 '마라'는, 바람이 드나들고 동식물이 혼식하고 혼음하는 반도의 천지 사방에 넘쳐난다. 아니, 여기서 시인의 공간, '마라'의 서식지를 한반도로 제한하지 말자. '마라'는 한국어의 작은 꼬리에서 변용된 불완전한 명사이지만, 그 자체로는 아무런 독립성도 갖지 못한다. 그런데, 그렇기 때문에, '마라'는 이종 교배된 각기 다른 언어들 사이를 유령처럼 떠돌면서 전(全) 우주를 공유한다. 그것은 언어 이전의 언어, 옥타비오 파스의 말마따나

"리듬이면서 또한 대립되는 것들을, 삶과 죽음을 한마디로 껴안는 이미지"이다.

> 마라, 네 눈 속에 내가 뛴다
> 내 다리를 묶어다오
> 내 부리가 네 눈 마구 파먹어도
> 난 그러고 싶지 않아, 마라
> 안간힘으로 벌려다오 　　　　　　　　—28 부분

'마라'는 내 눈 속에서 뛰는 게 아니라, 그 자신(그러나 '마라'에게 '스스로의 몸'은 없다. '마라'는 그것을 발견하는 사람의 형상을 빌려 발견하는 그 자신을 굽어보게 한다)의 눈 속에서 '내'가 뛰는 걸 목도하게 만든다. 그러니까 '마라'는 내가 있음으로써 비로소 '눈'을 드러내는 존재다. '마라'라 이름 붙이기 전, 시인은 그것을 "육체가 없었으면 없었을 구멍"(3)이라 표현했었다. 그보다 더 이전으로 페이지를 넘기면, 아무런 이름도 얻지 못했던 '마라'는 "톱날 같은 암석 능선에/뱃바닥을 그으며 꿰맬 생각도 않고" "피 흘려 하늘 적시"(1)기만 열중하다가 "옥산서원 앞 냇물에" "햇빛 한 덩어리"(2)로 던져진다. 그랬던 '마라'가 최초로 느꼈던 육체의 감각은 다름아닌 추위였다("오, 육체가 없었으면 춥지 않았을 것을"(2)). 몸 입고 있는 것들의 몸 입음이 가일층 처절한 고통을 불러일으키는 겨울의 한복판에서 '마라'는 죽음과 잠의 어두운 피막을 뚫고 소생한다. 그건 시인 이성복이 10여 년 동안 암행했던 시적 무명과 흑암의 모서리를 갈고 다듬어 "살아가는 징역의 슬픔으로/가득한 것들"(51)에게 드리운, 최초이자 최후의 빛이다.

　"나뭇가지 사이로 신음하던 해가/끙 하며 선지 덩어리 쏟아 붓"(4)듯 뻣뻣한 내 모가지를 꺾어버린 그 빛. 아, 그러나 이 힘겨운 인사는 여전히 방향이 없다. 내가 그것을 '마라'라고 확신하는 순간, '마라'는 "옷만 있고 몸뚱이가 없"(29)이 "또 한번 주먹 속에 들어"(8)와서는 붉게 달아오른 내 '돼지 머리'의 코 평수를 가이없이 넓히며 "내 惡을 보여줄까, 뛰어내려!"(15)라고 발악하듯, 발화의 주체를 제멋대로 전도시키면서, 소리치게 만든다. 무언가에 대한 대상 없는 살의를 북돋우고 "통발 아랑곳 않고 물살을/가르는 물고기"(4)처럼 감히 해서는 안 될 어떤 짓을 몸의 최하부층에서부터 감행하도록 충동질한다. 오, '마라'가 없었으면 없었을, 그 숱한 '하라'에의 충동들. 그럼에도 "끝내 터지지 않"으면서(14) "'고'와/'통' 사이"(44)에서 건드려지는 "우주의 알집"(106)들. 그러나, "이제 곧 창검처럼 솟은 가시들"을 헤치고 "가시에 찔리지 않을 흰 꽃들"(56)에게 곱디고운 인사 드리러 발을 재게 놀려야겠다. "그렇게 속삭이다가"(59) 보면 혹 모른다. "고운 상처를 알게 된 보도블록"(59) 위에 두 발 가지런히 모은 채 여태껏 지나온 길들을 한데로 모아 "몸 위에 내려/몸을 숨겨주는"(68) "햇빛 한 덩어리"(2) 다시 한번 받아 마시게 되는지도. '마라'여, 그리고 "무언가 아름다운 것인 줄 몰랐"(49)으면서도 '마라'에게 현혹되고 만 '나'여. 어디 "안간힘으로 벌려"(28)보세. 설령 이것이 "망각의 코끼리" 잔등에서 맞붙는 "지진아와 자폐아의 싸움"(115)에 불과하더라도. 이 지난한 싸움의 바깥에서 문득 만나게 될 어떤 풍경이 내 지리한 육체를 바꿔놓을지도 모르니까.

10년 동안 이성복은 도대체 어떤 식으로 '망각의 코끼리'에게 붙들려가면서, '마라'의 옷깃을 붙잡으며, 자신의 속말들을 대신 내뱉게 만들었을까? 그는 "누구나 신선 될 자격이 있다"(113)고 말한다. 그런데 그 신선은 아무래도 시인이 '가지 마라, 가지 마라'고 거듭 만류하는 '동곡'에 나 있을 듯싶다.

> 당신이 동곡에 간다 하면 나는
> 말릴 것이다 동곡엔 가지 마라
> 〔……〕
> 가지 마라, 굳이 못 갈 것도 없지만
> 가지 마라, 다시는 당신 못 돌아온다 ──114 부분

'동곡'은 어디인가. 시인이 태어나고, 젊은 한 시절을 제외한 삶의 대부분을 의탁하고 있는 경북 어디, 형세 좋고 영험한 산골 마을인지도 모른다. 하지만, 학생 때 쓰던 낡은 사회과부도(책 버리는 데 일가견이 있는 내가 이건 왜 아직도 모셔놓고 있을까?)를 펼쳐놓고 동곡이 어디인지 뒤적여보다가, 문득 부질없다는 느낌이다. 설령 펼쳐진 대한민국 전도 안에 '동곡'이 존재하더라도 시인 이성복이 "꼬부라진 陰毛 몇 개"로 그려내는 '동곡'은 "싱징적/지도"(112) 속에나 존재하는 가상의 공간일 것이기 때문이다. 시인은 오랫동안 축조해온 그 시적 공간을 탱화를 그리듯

선연한 색감으로 그려 보이며 '가지 마라, 가지 마라' 한다. 그럼으로써 더 가고 싶어진다는 걸 시인이 왜 모르겠는가! 간곡하게 들리는 시인의 만류에도 어김없이 '마라'가 숨어 있다. 숨어 있다고 말한 까닭은 시인이 그전에 "몸 버리려 몸부림하는 꽃들,/눈먼 파도에 시달리다 물거품이 되는/꽃들, **마라**(고딕체 강조는 인용자), 눈을 떠라, 지금 네가 내/얼굴을 보지 않으면 난 시들고 말 거야"(30)라고 애원하듯 노래할 때와는 다르게 '마라'를 통상 구문 속에 자연스럽게 배치하고 있기 때문이다.

이때 '마라'는 엄연히 문자로 표면화됐음에도 불구하고, 아니, 너무도 자연스럽게 문장 속에 녹아 있기 때문에, 오히려 눈에 잘 띄지 않는다. 인두겁을 쓰고 있는 괴물인 양 '마라'는 일견 범상해 보이는 언어들의 배열을 통해, 시의 육체로 새로 거듭날 언어의 숨겨진 성감대를 들춰내고 자극한다. 통상 어법 속에 감춰진 언어의 내파(內波) 현상. 그건 삶의 어느 순간 살의와 욕망의 형태로 분출하는 '잔치'의 언어로 연소된다. 그러면서 외연적으로 뒤틀린 언어보다 더 위험하고, 더 유혹적인 금기와 제약이 언어의 "살보다 연한 뼈"(25)를 짓찢으며 "구멍으로 더운 피 쏟던 잔칫날 돼지"(3)처럼 질펀한 육체의 향연으로 이어진다. 따라서 '동곡'은 살의와 욕망의 '잔치'를 통해 비로소 생성된 시적 제의(祭儀)의 공간이라 할 수 있다. 그런데 시인이 '상징적 지도'라면서 그려 보이는 이 "꼬부라진 陰毛"는 어느 육체가 흘려놓은 우주의 상형 문자일까.

    내가 너를 떠밀었으므로

너는 하늘 끝에 매달렸다
너에게 묻은 내 더러운
피는 하늘길을 더럽혔다
그리고 이제 저를 기억
못 하는 자줏빛 꽃 하나
내 눈 속에 피었다 잘라도
다시 돋는 억센 뿌리는
네 유골 단지를 부순다   ——16 전문

　"유골 단지"를 부수고 "다시 돋는 억센 뿌리". '동곡'은 그렇듯 "자줏빛 꽃 하나"로부터 생겨난다. 그 꽃은 "돌에게 내 애를 배게" 한 시인이 "해산의 고통 못 이겨/불 속으로 뛰어"(21)드는 돌의 몸을 빌려 "간신히 끼여 들어온 꽃대궁"(22)들을 "여자들 풀섶에서 오줌 누고 떠난 자리"(23)에 피워올린 것이다. 오래전 시 「남해 금산」에서 "돌 속에 갇혀 있던 여인"이 그렇게 해서, 지상의 공간보다 몇 굽이 더 아래, 시간을 오래 거슬러 무의식의 눅눅한 태반으로 자리잡은 '기억의 습곡'(이성복은 예전 시에서 '세월의 습곡'과 '기억의 단층' 사이를 방황하며 길게 탄식한 적 있다.)으로 파인다. 거기에서 시인은 "초록 잎새 속에 뿌려진 핏방울"(해산할 때, 여자들의 하수에서 흘러내리는 그 피!)을 달여 "살 속의 살, 살보다 연한 뼈"(25)로 우려낸다. 이 때, '초록의 눈길'과 마주친 붉은 '핏방울' 사이의 아찔한 긴장을 조장하고 시인이 임신시킨 돌을 갈라 시를 꺼내는 존재가 다름아닌 '마라'다. 붉은 '마라'와 '초록'의 하라. "표지처럼,/무한 경고"(48)하는 교통 신호등처럼 이 지난

한 요철 운동은, 따옴표의 있고없음으로 시각화되면서, 한국어의 통사 구조를 분방하게 비틀어놓는다. 이성복은 그렇게 파괴된 언어의 여린 결을 "사랑하지 마라"면서 "내숭 떠는 초록의 눈길"(26)을 받아 "솟구쳐 오르다/멎어버린 파도"(18)처럼 표일하게 육체화한다. 우물에 거꾸로 처박힌 "황소개구리"(114) 형상의 '동곡'의 깊은 습지가 그 순간, 만방으로 피를 적시며 솟아오르는 해를 토해낸다. 그렇다. "솟구치는 것은 토하는 것"(26)이다.

해를 쏘아올리는 지상의 동쪽 골짜기, '동곡(東谷)'. 그곳엔, 여느 탄생의 자리가 그러하듯, 몸 푸는 여인네들의 곡성으로 가득하다. 지상에 떨어진 태양이 '한 덩어리'의 돌로 변해 인간의 아이를 해산하는 순간, '동곡'으로 표기된 삶과 죽음의 점이(漸移) 지대에서는 '東哭(동쪽의 울음소리)'의 의미소가 돌올하게 솟는다. 그런데 시가 원래 "입이 없는 것들"(51)의 울음 아니겠는가. 골짜기의 형상, 해산의 곡소리로 감각을 통과하는 '동곡'은 그러나 현실의 어느 장소로 돌아와 눈을 크게 뜨면 자취를 감추고 만다. 그런데 더 위험한 건 이 순간이다. '동곡'을 경험한 이후, '동곡'은 이미 삶과 죽음이 한 몸뚱이로 엉겨 생성과 소멸을 반복하는 우리네 삶의 총체적인 지도가 돼버린다. '동곡'은 우리가 숨기고자 했거나 잊으려 했던 영욕의 시간들을 일순간에 체험하게 만든다. 털어도 털어도 털어지지 않는 "꼬부라진 陰毛"는 당최 우리가 감추고 있는, "육체가 없었으면 없었을" 그 '구멍'을 가려주지 못하는 것이다. 오히려 더 참혹하게 구멍을 간질이면서 몸속에 숨은 오르페

우스의 미궁을 만방으로 펼치게 하는 것이다. 그러면서 시인으로 하여금 "비참의 가상 임신" 상태를 전복하는 "정교한 복수의 기술"(123)을 연마하게 만든다. 그리하여 우리는, 반복되는 시인의 만류에도 불구하고, "눈먼 바람에/몸을 내맡기"면서 "눈먼 바람이 우리를 찢을 때까지/찢기는 그림자를 향해 절하"(29)고야 만다. '눈먼 바람'(그렇다, '마라'는 늘 불길한 바람처럼 우리 곁을 맴돈다)이 흔들어 보이는 "마지막 영생의 꿈"(29). 눈 가진 모든 것들은 그 부정한 꿈 속에서 삶의 허망함과 비참함을 세척하려 한다.

하지만 흡사 사이렌의 노래와도 같은 '마라'의 흐느낌엔 여전히 죽음과 미망이 겹쳐 있다. "동곡엔 가지 마라"는 시인의 후렴구는 그 간곡한 반복 리듬의 불가해한 원심력으로 그것을 듣는 우리를 단번에 '동곡'으로 휘감고 들어가 버린다. 설사 피 토하며 솟는 '동곡'의 해가 새로운 삶의 시간을 암시하고 있다손 치더라도, "먼 옛날 군왕의 행차 알리는/맑은 편종 같고,/군왕의 행차 지나간 다음/말방울 여운 같고,/어느 뒷날 상여 지나간 다음/내 묘혈을 파는 괭이 소리"(90) 같은 '마라'의 곡성은 삶을 앞으로가 아닌, 뒤로 이끌고 간다. 죽음을 향해 가면 탄생과 만나고 저승을 향해 가면 다시, 또 다른 현세와 만나게 된다. 무한 반복하는 그런 원심 운동은 "오줌 떨고 난 다음/허벅지 맨살을/스치는 오줌 방울처럼 차갑"(90)고 섬뜩하다. 제 살에 닿는 제 분비물(육체의 찌끼, 몸속에서 사망한 것들의 잔해)의 오싹한 질감. 그것은 시인이 미래에 겪을 죽음을 시인의 몸 속에서 꺼내는 것에 다름아니다. 죽음 앞에선 누군들 '지진아'(익숙하지 못하고 몸을 가눌 수 없다는 점에서)이자 '자폐아'(스스로를 은폐하려 한다는 점에서)가 아니겠는가. 잘 추스르지 못한 오줌 한 방울에 몸을 떠는 시인은 그리하여 자지러질 듯한 빛과 꽃들을 마주하면서 "오래 살았다는 이 느낌"(35)을 연신 반추한다. 약동하는 식물들의 뿌리를 거슬러 베일 뒤의 죽음을 굽어보는 시인. 그는 이미 "부풀고 꺼지고 되풀이"(122)하는 우주적 순환의 얼개 속에서 몸살 앓는 언어들과의 싸움을 통해 자신의 죽음을 미리 봐버린 것이다.

> 당신은 메리, 메리 혹은 쫑, 쫑 하고
> 부를 수도 있으리라
> 하지만 당신은 개를 부르지 못한다
> 볼펜이나 담뱃갑을 집어던질 수도 있으리라
> 하지만 당신은 그렇게 하지 못한다
> 그것은 개를 부르는 것이 아니라
> 당신 자신을 부르는 것이므로
> 당신이 당신을 부르려면
> 다른 시간, 다른 공간에 있어야 하므로
>
> ―124 10연

현실의 지도에는 (있을 수도 있지만) 없는, 그렇지만 그 모든 세계의 생몰 법칙을 단번에 체현해내는 '동곡'. 그 태초의 뻘늪 같은 언어의 밀림으로부터 빠져나오면서 만난 이 개는 그러나, 단순한 개 한 마리에 그치지 않는다. 시집에 담긴 시들 중 가장 길면서도, 예외적으로 건조한 어조,

객관화된 정조를 가진 이 시는 여태까지 거쳐온 시집 전체의 정경이 어느 낯선 방 안에 고요하게 걸려 있는 그림 속의 풍광은 아니었는지 되돌아보게 만든다. 그래서 한없이 큰 동선으로 굽이치고, 시인이 잰 걸음으로 부려놓은 언어의 덫에 좌충우돌하며 피멍 들면서 걸어온 길을 길고도 험한 꿈 속의 여정처럼 여겨지게 만든다. 애초에 "—여기가 어디냐고?/—맨날 와서 피 흘려도 좋으냐고?" 물으면서 "피 흘려 하늘 적시"(1)던 해로부터 시작된 '마라'의 사계(四季), 그것이 혹 한순간 바람결에 붙들려 스르르 잠겨버린 눈꺼풀 안쪽, 때 없는 낮잠 속 풍경이었단 말인가? 어쨌거나 하나의 불길한 꿈 속 같은 풍경에서 오래 방황하며 빠져나왔지만, 다시 돌아온 세계는 이미 알고 있던 그 세계가 아니고, 나 역시 내가 오랫동안 생각해왔던 그 '나'가 아니다. 그런 이중의 꿈 속 풍경을 직시하면서 시인은 "당신 앞에 웅크리고 있는 개가/당신의 일부"(124)라고 말한다. 이때, 개를 바라보는 시점과 바라봄을 당하는 개의 시점, 그리고 그것들을 동시에 바라보고 시인의 나직한 언술을 따라가는 '이쪽'('마라'의 유혹에 붙들려 '동곡'의 질펀한 협곡에서 피투성이가 된 시집 바깥의 '그 누구')의 시점이 중첩된다. 다시 말하건대, 엇갈리거나 어느 한쪽이 격리되는 게 아니라, '다중으로 겹친다'. 이건 하나의 꿈에서 빠져나오자 또 다른 꿈이 열리면서 삶이 허망한 꿈 속에서 꾸는 또 다른 꿈, 하나의 실재가 또 다른 허울을 뒤집어쓴 채 반복하는 미망의 연속체임을 현시하게 된다. 따라서, 시인은 비록 개를 부르는 것이 "당신 자신을 부르는 것"이라고 말하지만, 여기서의 '당신'은 시인이 그려놓은 풍경 속의 시인 자신이기도 하고, 개이기도 하고, 그것을 한꺼번에 바라보면서 묘사하는 시 바깥의 시인인 동시에, 이 시를 읽는 모든 불특정 다수의 인간들일 수 있는 것이다.

이성복은 삶과 죽음의 협곡에서 또 다른 육체로 현현된 자신을 발견하며 스스로는 스스로를 부를 수 없다는 성찰을 이끌어낸다. 스스로가 스스로를 부를 때, 그건 이미 인간이 아닌 다른 것, 3차원이 아닌 다른 차원에 존재하는 이물(異物)이 되고 만다. 그러면서 그것을 듣(읽)는 사람을 '당신'이라는 2인칭 대명사로 겹쳐진 존재의 여러 가지 얼굴 속에 숨겨버리고 만다. 그 순간, 나는 없다. 오로지 나라 불리는, 무언가 나 아닌 것들이 존재의 허방을 메우면서 세상 풍경을 '불가사의한' 어떤 것으로 바꿀 뿐이다.

> 당신의 일부가 불가사의한 풍경 앞에,
> 난해한 오후의 햇빛 앞에 바보같이, 멍청하게
> 일어날 줄 모르고,
> 도대체 일어서야 한다는 것도
> 알지 못하기 때문이다 ——124 9연

그렇기 때문에, '동곡'의 "눈먼 바람"으로 소용돌이치던 '마라'는 문득 일상 속으로 되돌아온 시인의, 그리고 시집을 얼추 다 읽고 차츰 현실의 수평적인 질서 속으로 귀환하는 모든 이들의 시선 앞에 개 한 마리로 웅크린 채, "일어날 줄 모르고,/도대체 일어서야 한다는 것도/알지 못"한다. 그걸 부르면, 다시 말해 언어로써 의미를 부여하고 인간의 관점에서 본 형상을 제시하면, 그 개는 "당신 자신"이 되면서 "다른 시간, 다른 공간"으로 존재를 이끄는 '마라'의 또 다른 육체가 된다. '마라'의 실루엣으로 재현되는 모든 '다른' 시공간이 죽음의 영역이 아니고 무엇이겠는가? 하지만, 시인이 그걸 부르지 못하는 건 죽음의 공포 때문이 아니다. 시인은 "바보같이, 멍청하게/일어날 줄 모르"는 그 이물의 다른 형태를 이미 '동곡'에서 낳고, 죽이고, 임신시키고, 스스로 임신한 바 있다. 달라진 게 있다면, 모종의 엄밀성으로 가득 찬 내부에서 "창밖의 풍경을 빨고 삼키고 주물텅거리며/소화시"킨다는 점이다. 그럼으로써 시인의 목소리로 화한 '마라'의 환청은 시인을 스스로 대상화한 죽음의 공간 속에 놓이게 한다. 현실과 꿈, 삶과 죽음의 사이를 한 개의 창으로 액자화한 이 풍경은 그러므로, 현실 바깥에서 바라본 현실의 풍경, 죽음이 바라본 삶의 숨겨진 실체가 되는 것이다. '마라'가 나를 부를 때, 나는 이미 '마라'의 목소리로 시를 낳으며 죽음 이편의 공간에서 또 다른 축생(畜生)의 단계로 접어든다. 그리고 그것은 생멸하는 모든 존재의 내부에서 피와 바람을 몰고 수시로 솟구치고 토하는, '마라'의 한시적 현존 양태가 된다. 늘 같지만, "부풀고 꺼지고 되풀이하면서"(122) 변화하는 "햇빛 한 덩어리"(2)가 자신의 "생에 복수하는 유일한 방법"(123)! 그것이 바로 '시(詩)'다. 시인은 "비참의 가상 임신" 형태로 현재의 삶을 기만하는 '행복'에게, 그리고 그것이 '가상 임신'인 줄 알면서도 거기에 굴복하고야 마는 스스로에게 '복수'하기 위해 여태껏, 더디디더딘 발걸음과 스스로에 대한 악착같은 '뒤집기'로 시를 쓰고 있는 것이다. "어쩔 수 없"(118)이 눈에 밟히고 몸을 이끄는 "달맞이 노란 꽃"과 "산길의 한 자락"의 유혹에 이끌려 "밤 오는 숲 속"(125)을 방황하며, '마라'가 없었으면 없었을 거대한 언어의 '구멍' 속, 삶이 없었으면 없었을 영원한 죽음 속으로……

영원히 부를 수 없고, 삶 속에 움푹 파인 죽음의 현존을 열어 보이며 삶의 질서를 재편하는 '마라'. 그것은 언술 불가능, 호명 불가능의 잠재적 언어로 모든 기표 위를 떠돌면서 존재를 변하게 한다. 애초에 귀가 열리지 않았으면 듣지도 않았을 테지만, 중요한 건 '~하지 않았으면 ~하지도 않았을'이라는 말이 이미 삶의 필연적인 조건을 역설적으로 환기하고 있다는 사실이다. '마라'의 발생지는 바로 그 두 개의 등치되는 문장 사이에 있다. 그러면서 한쪽(삶/현실)이 다른 한쪽(죽음/꿈)을 등진 채 서로를 견인해내는 삶과 언어의 불가항력한 대비를 동시에 끌어안고 소멸시킨다. 그렇게 삶과 언어가 팽팽한 대치 끝에 소멸된 자리에선 죽음과 삶이 피차 구별되지 않고, 꿈과 현실은 암수 한 몸으로 맞붙어 서로가 서로를 꿈이라 현실이라 부르는 순간, '당신 자신'이 돼버린다. 그리하여 그곳은 반복되는 축생, 끊임없는 허구로 추락하는 삶의 외형이 죽음의 형상으로 고요하게 얼어붙는 자리가 된다. 그런데 그 자리는 동년배의 황지우가 비슷한 공백기를 거치는 동안 내려다보았던 "밑에 아무것도 없는 그 밑"(황지우의 시 「밑」)과 유사해 보인다. 그곳은 탄생과 죽음 사이에 놓여 있는 모든 삶들이 진흙처럼 엉킨 '진흙 천국 속'이다(아, 어쩔 수 없이, 또다시 황지우가 떠오른다. 이들은 정말, 진흙처럼 엉겨 붙은, 한국 시단의 삼쌍둥이인 걸까?). 차지게 엉기고 끈적끈적하게 붙어 있지만, "육체가 없었으면 없었을 구멍"들이 만방으로 뚫려 있어 "제 몸 일부가 아니라 제 몸 통째로/쑤셔 넣어야 직성 풀릴 환장할 것들"(103)이 그 앞에서 "제 몸 일부를 끼워/넣으려고 발버둥"(103)치고 있다. 그 끔찍한 발버둥들이 바로 시인을 "비참의 가상 임신" 상태에서 깨우쳐 더 비참한 삶의 오지를 헤매며 끊임없이 시를 쓰게 하는 것이라고, 굳이 말해야 할까?

이번 시집에 실린 이성복의 시들은 마치 삶의 궤적 위에 놓인 모든 욕망과 축생의 전말을 조리고 볶아 요리해놓고도 정작 스스로는 입도 대지 않는, 금욕적인 요리사를 떠올리게 한다. 그런데, 이렇듯 요원한 욕망의 언어들을 얄미울 정도로 정갈하게 조탁해놓은 시들을 보면서 왜 나는 자꾸만 열이 솟구쳤던 걸까? 이 전례 없이 말끔한 식탁이 되레 몸속의 텅 빈 구멍들을 자극해 헛구역질을 불러일으켰던 걸까? 나는 왜, 섣불리 가지 못할 '동곡'의 어슴푸레한 윤곽을 살피려고 길 잃은 산돼지처럼 허둥지둥 날뛰었던 걸까? 혹, 시인이 "못다한 분량의/섹스"(102)가 내 안으로 구부러 들어 엉뚱한 '가상 임신'을 시켜버린 건 아닐까? 그래서, "육체가 없었으면 없었을 구멍" 속에서 서늘하게 열어놓은, 마치 빈혈 든 눈으로 바라본 하늘처럼 새하얀 행간에 분탕질이나 치고 싶어졌던 설까? 들어갔을 땐 오색창연한 꽃과 빛, 그리고 핏줄기들이 창궐했으나 돌아나오니 다시, 일개 점으로 쫄아 어둡게 멀어져가는 저 '구멍', 몸 밖에서 몸을 유린하는 저 '구멍'으로 영원히 메워지지 않을 몸 안의 '구멍'을 대체하려 했던 것일까? 아, 이 순간 나는 꼬리를 붙들린 채 삶과 죽음의 접경에서 길게 우는 돼지 새끼에 다름아니다. 시인은 그 가련한 돼지의 털을 벗겨 '진흙 천국 속'에 마구 굴리며 "구멍으로 더운 피 쏟"(3)듯 굵디굵은 진흙 한 더미 토해내고는 고꾸라지게 한다. 어쨌거나, 빠져나온 구멍 속에서는 여전한 '마라'의 곡성이 진흙밭에 요상한 그림들을 새기고 있지만, "바보같이, 멍청하게/일어날 줄 모르고,/도대체 일어서야 한다는 것도" 모른 채, 잔치가 끝난 제상 위에 어색하게 얹힌 이 돼지 머리부터 맛있게 뜯어 드시길. 그런 연후에 다시 '동곡'으로 돌아들 가시길. 이 글은 '동곡'의 벌어진 가랑이에서 솟으며, 난분분하게 피를 뿌리는 해의 혓바닥, 해설(解舌)에 불과하니까. 이게 내가 모든 이들에게 할 수 있는 유일한 인사다. ▨